中国社会科学院青年人文社会科学研究中心课题"司法公平与司法
北京市高水平人才交叉培养"实培计划"项目成果
受中国社科院小语种与科研亟需人才出访研修资助项目资助
北京警察学院校局合作重点项目"涉疫类刑事案件的分析与应对"
中国社会科学院法学研究所创新工程项目

实然的司法改革和
应然的司法改革

马　可　陆　栋◎著

Review and Prospect of
Criminal Justice Reform

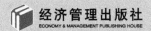

经济管理出版社
ECONOMY & MANAGEMENT PUBLISHING HOUSE

图书在版编目（CIP）数据

实然的司法改革和应然的司法改革/马可，陆栋著.—北京：经济管理出版社，2020.12
ISBN 978 - 7 - 5096 - 7659 - 2

Ⅰ.①实… Ⅱ.①马… ②陆… Ⅲ.①司法制度—体制改革—研究—中国 Ⅳ.①D926.04

中国版本图书馆 CIP 数据核字（2020）第 235895 号

组稿编辑：乔倩颖
责任编辑：乔倩颖
责任印制：黄章平
责任校对：王淑卿

出版发行：经济管理出版社
　　　　　（北京市海淀区北蜂窝 8 号中雅大厦 A 座 11 层　100038）
网　　　址：www. E - mp. com. cn
电　　　话：(010) 51915602
印　　　刷：北京虎彩文化传播有限公司
经　　　销：新华书店
开　　　本：720mm×1000mm/16
印　　　张：12.5
字　　　数：203 千字
版　　　次：2020 年 12 月第 1 版　　2020 年 12 月第 1 次印刷
书　　　号：ISBN 978 - 7 - 5096 - 7659 - 2
定　　　价：68.00 元

前　言

　　什么是实然的司法改革？什么又是应然的司法改革？实然的司法改革是指在现实生活中，我国所进行的一系列自上而下的刑事司法制度的重整。而应然的司法改革则是按照司法规律应当进行的改革。这种改革往往只停留在理论构建和制度设计阶段，一般尚未实施。那么，为什么会既存在实然的司法改革，同时又存在应然的司法改革呢？应然的司法改革是不是都可以变成实然的司法改革，即现实的刑事司法制度呢？

　　世界各国都有司法改革，原因、动力、目的和方式各不相同，但都存在实然的司法改革和应然的司法改革。应然的司法改革往往是法学专家和实务工作者对司法实践中存在问题的反思，在经过法定决策程序后才能转化为实然的司法改革。着手司法改革，首先要发现实务中的问题和缺陷，接着要考虑解决问题的方案。需要通过司法改革才能解决的问题，必定是涉及刑事司法结构的重大问题，其解决方案的制定也肯定不可能轻易草率。因此，一定会有相关的特定理论支持，相应的制度设计也一定要在该特定理论的指导下进行。

　　司法改革，特别是刑事司法改革，关乎公民的生命、自由和健康，关乎国家司法的权威，关乎人心向背和社稷安危。改得得当，则政通人和、公正高效；改得不当，则可能民怨沸腾、朝议汹汹。因此，必须高瞻远瞩、高屋建瓴，不可头痛医头，脚痛医脚，更不可瞎开药方乱投医。"摸着石头过河"，是在完全无经验可供参考的情况下的无奈之举，绝不应成为闭目塞听拒绝学习的借口，亦不应成为革新时的常态。如果是商业投资，因为缺乏经验，损失大量资金"交了学费"还可以接受的话，那么刑事司法领域类似的损失则是我们无法承受的。刑事司法牵一发而动全身，涉及公民身家性命、健康自由，关乎国泰民安和社会秩序，因为改革不成功而"交学费"是绝对交不起的。司法改革绝非儿戏，必须认真研究历代改革成败进而寻找经验教训，务必仔细考察各国司法运行进而发现总结共性规律，以此指导司法改革并设计改革方案，才能稳扎稳打，获得最佳的改革效果。

此外，司法改革绝不仅限于司法机关内部的重新调整，还关乎司法职权优化配置或重新配置等一系列宪法层面的问题，甚至还有不少与政治权力博弈相关的问题，如，如何理顺国家职能机关的关系，如何处理国家职能机关和公民个人的关系等，都是微妙而严肃的问题。每一个问题的解决都需要对司法运行有深刻的理解和深入的研究。从这个角度上看，必须努力发现和概括司法运行和改革的规律，以司法规律指导司法改革实践，以避免走弯路、走岔路。

据此，本书拟分析古今中外各国司法运行和改革的情况，探索总结隐藏其中的司法规律，以此发现未来司法改革的可能方向，并据此设计应然的司法改革方案。同时，本书还会对已经进行的、实然的司法改革进行分析，评价其成效影响，找出其涉及的司法规律，并根据司法规律，发现需要进一步完善的地方。

本书正文由六章组成：

第一章研究司法规律据以指导司法改革。世界各国都有司法改革，本书分析古今中外各国司法运行和改革情况，探索概括隐藏其中的司法规律。本书总结了中国司法改革的六个大体思路：①从法律神秘主义到法律的公开化；②从法律的野蛮化到文明化；③从重刑主义到轻刑主义；④刑事司法与行政逐步分离而不断专业化；⑤避免和纠正刑事错案；⑥法律适用逐步平等化。同时还从世界范围的司法改革总结出"刑事职能机关职权配置的分化"和"刑事职能机关职权配置的优化"两个规律。以此发现未来司法改革的主要方向，并据此设计应然的司法改革方案。

第二章中国近年司法改革评述。古今中外力图解决错案问题的司法改革，其着力点不外乎两点：一是制度，二是人。自2007年以来，我国先后开展了四次重大的司法改革，分别是最高人民法院收回死刑复核权、非法证据排除规则的确立、以审判为中心的诉讼制度改革和员额制改革。前三次改革是从制度入手，而员额制改革则是从人入手。本章对这四次司法改革和刑事诉讼法的修改加以梳理，并对其改革原因和改革成效加以深入、客观的分析，力图对近十几年来中国司法改革的进程和脉络进行清晰的把握。对这些司法改革的推动力，可以归结为对公正审判的要求，目的是避免冤假错案的产生。任何的司法改革都需要以法律规范的形式在法典中加以确立，相应地，我国刑事诉讼法也进行了修改，本章也对 2018 年《刑事诉讼法》修改中尚待完善的问题加以剖析与阐释，努力提出切实可行的司法改革措施。

第三章开辟第二路径推进以审判为中心的诉讼制度改革。如果说审判中心主义的第一路径是推动我国刑事诉讼从侦查中心主义向审判中心主义过渡，那么审判中心主义的第二路径则是推动司法裁判权向程序法事实（项）领域和审前阶段这两个方向的扩张和延伸。审判中心主义的第一路径主要着眼于实体法事实的裁判和证明，审判中心主义的第二路径则主要着眼于程序法事实（项）的裁判和证明。对程序法事实（项）的合法性，即职能部门诉讼行为的合法性进行司法审查是审判中心主义第二路径的主要内容。从某种意义上来说，第一路径和第二路径相互结合才能实现审判中心主义，才能真正推进以审判为中心的诉讼制度改革。

第四章客体理论指导的司法实务问题和司法改革。本章阐释了中国刑事诉讼法律关系客体的内涵和外延，以及中国刑事诉讼法律关系客体的两个特征。并就刑事诉讼法律关系客体理论所涉及的实务问题控审分离、客体变更和禁止重复追诉等展开讨论，分别对客体理论可以指导的下列司法实践问题进行讨论：公诉变更问题、法院变更起诉罪名问题、法院变更公诉事实问题和禁止重复追诉问题，根据刑事诉讼法律关系客体理论和前文总结的司法规律，提出了司法改革思路，并设计了改革方案。

第五章《刑事诉讼法》修改背景下的监察留置问题。监察法出台是近年来司法改革的一个亮点，监察留置措施由于其限制人身自由的鲜明特点成了社会议论的焦点。从各方面来看，留置措施以不同于刑事诉讼强制措施的一系列区别，引起了学术界和实务界的关注。为了推动监察留置措施的深入研究，增强《监察法》与《刑事诉讼法》实施效果，本章在体系解释等的基础上，采取以判决的司法裁判为基础的个案分析方法，选取了相当数量的审判案例加以实证研究，结合监察理论和实践中存在的疑难，探讨了三方面的问题：一是监察留置的权属探讨；二是监察留置的理论界定；三是监察留置的程序规范。

第六章疫情时期的犯罪治理与刑事侦查的调整改革。正当我国的司法改革稳步进行的时候，2019年末一场突如其来的疫情发生在中华大地，似乎打乱了司法改革的脚步。随着疫情的发展，我国的犯罪形势出现了新的变化。面对新的犯罪形势，社会治理的要求也与疫情前的常规时期不同。本章拟分析疫情时期刑事司法改革面临的犯罪形势、涉疫类犯罪的成因与治理，并在此基础上讨论疫情时期的刑事侦查调整和改革。中国司法改革的进步来之不易，不应该因为新冠肺炎疫情停下脚步，也不应该因为新冠肺炎疫情改变方向。

以上就是本书的写作缘起和主要内容，笔者从实然和应然两个角度对我国的司法改革进行全景描述和具象分析，在对实然的司法改革加以描述和分析的同时，也对应然的司法改革进行研究和展望，力求做到理想与现实相结合。本书第一章、第二章、第三章、第四章由马可撰写，第五章、第六章由陆栋撰写。本书选题比较宏观，描述分析可能挂一漏万，加之成书仓促，错误与疏漏之处在所难免，还请各位专家学者批评指正，不吝赐教。

目　录

第一章　研究司法规律据以指导司法改革

古今中外发生了一系列的司法改革，本章拟将其中重要者逐一分析，努力找出其中共性，继而通过共性探索是否存在具有某种规律，如果存在这样的规律则尽力寻找发现，并总结一二。显然，如果能够总结出古今中外刑事司法运行和变革都遵循的司法规律，则具有深远意义。

第一节　中国历代司法改革中的共性和规律

本节我们就简要回顾一下中国历史上的一系列重要司法改革，寻找其共性，探索它们背后的司法规律。

一、郑国铸刑书

人类刑事司法史上的刑事诉讼模式主要有三种：弹劾式、纠问式和对抗式。大致可以认为，它们是以时间线的维度纵向渐次出现的。弹劾式向纠问式诉讼的转变，显然经历了重大的司法改革。但由于时代久远，缺乏记载，本书就不做赘述。欧洲中世纪和中国古代的刑事司法都属于纠问式司法。但是即便是纠问式刑事司法，也有一个从神秘走向公开的过程。春秋时代，郑国执政子产铸刑书，其后不久，晋国赵鞅铸刑鼎。这是中国刑事司法从神秘走向公开的重要标志，西方与之相类似的是古巴比伦的《汉谟拉比法典》。

郑国是一个在春秋时期非常活跃的诸侯国，国君和周天子血缘关系很近。春秋早期，郑庄公小霸打败周平王的军队，成为第一代准霸主。子产是春秋时期郑国一位出色的政治家，在郑国进行了一系列的改革。为了让老百姓知道他的改革和刑律，就在竹简上记录刑律，几年后又将刑律铸在铜鼎上，让老百姓能够看到。这个举措在当时引起了轩然大波，很多人表示反对。因为长期以来贵族都拥有法律的立法权和解释权，老百姓对法律的内容并不了解，所以贵族可以随意地解释法律。而当法律从神秘的贵族特权垄断之物变成了老百姓都知晓的东西时，从前奴隶制贵族通过法律的垄断凌驾于国人之上的局面就会有所削弱。所以，郑国国内的很多贵族都反对子产的举措，甚至国外的贵族也表示反对。晋国的叔向就给他写信明确表示异议，叔向在信中表示，从前老百姓不了解法律的内容，他们就会诚惶诚恐地服从，现在知道了法律，就不再恐惧宾服了。其潜台词是从前贵族垄断法律知情权和解释权的时候，老百姓对法律一无所知，不知道自己的什么行为会触犯法律，这样他们就必须在贵族面前战战兢兢完全服从，否则贵族就可能给他们罗织罪名出入其罪，所以很好驱使奴役。一旦老百姓知道了法律，贵族就无法随意地给平民定罪，平民也就不像从前那样因为恐惧而无原则地服从贵族，受贵族奴役了。

叔向所谈的已经不是法律问题，而是一个政治学问题。好在子产顶住了巨大的压力，坚持铸刑书。刑书铸成之后，效果非常好。虽然说贵族对法律的垄断权被打破，不能够再随意奴役压迫百姓，但同时也促进了百姓自觉守法，百姓由于了解了刑书上的内容，知道了什么样的行为必然受到惩罚，因此也就自觉地遵守法律（即最低限度的社会秩序）。一时之间，郑国政通人和。

二、晋国铸刑鼎

二十多年之后，晋国在赵鞅的领导下，也开始效仿郑国公布刑律，晋国的做法被称为铸刑鼎。和郑国的铸刑书一样，晋国的铸刑鼎也引起了轩然大波。晋国的铸刑鼎实际上是由中行氏所主导的，大致过程是中行氏假托晋国国君的名义在自己的封地收集贡铁500斤，拉着赵鞅将500斤铁铸成了铁鼎，把范氏制定的刑律铸在铁鼎之上。晋国的相国魏氏听说后下令中行氏立即停止铸鼎，但是中行氏拒不执行。晋国的中行氏、范氏和赵氏铸刑鼎的情况比郑国子产铸刑书要复杂得多，实质上是中行氏和范氏裹挟赵氏挑战执政的魏氏的权威；中行氏所铸刑鼎内容为范氏所制定的刑律，肯定也有树立范氏、中行氏权威的目的。除了上述两个目的之外，应该也有第三个目的——邀买人心。让人感慨的是，前两个主要目的随着日后晋国范氏、中行氏的灭亡已无人在意，第三个不那么主要的目的却引发了深远的影响。铸刑鼎使晋国百姓从此知法，引发了和郑国一样的政治效果，即法律神秘主义自此消失，贵族对法律的垄断逐步终结，对平民出入其罪的特权被严重削弱。而且，由于有公开的刑律为公众所知，贵族自身的行为如果违反刑鼎上所铸的刑律，一样会为"国人"所质疑，"法律面前人人平等"的朴素观念开始萌芽，贵族的特权客观上为公众舆论所限制。

郑国的铸刑书和晋国的铸刑鼎是中国刑事司法史上第一次意义深远的司法改革，终结了上千年的法律神秘主义，使社会一般公众第一次了解了国家法律。法律公开，削弱了传统奴隶主贵族的特权，体现了新兴地主阶级在政治上的诉求。实际上，这两次司法改革也是在新兴地主阶级的推动下才得以实施的。虽然其本质于当时而言，可能只是为了在政治斗争中收买人心或者是树立权威打击异己，但是客观上确实起到了削弱奴隶主贵族特权，终结奴隶主阶层对法律肆意解释出入人罪的局面。周武王击败商纣王之后，征服了商朝统治下的广大地区。周朝的奴隶制不同于商朝的奴隶制，周朝的统治是种族奴隶制，在奴隶主和奴隶之外，还存在大量的国人。在西周和春秋初年，奴隶主贵族掌握法律的制定权和解释权，而且秘而不宣，以神秘主义统治国人和奴隶。随着生产力的发展和新兴生产关系的出现，为了削弱从前的奴隶主贵族势力，新兴地主阶级拉拢国人，实施了一系列有利于国人和奴隶的进步措施。郑国铸刑书和晋国铸刑鼎可以理解为这一系列措施在司法领域的表现。从这两次司法改革我们可以看出，司法改革从来都不仅仅是司法领域孤立的改革，必然涉及背后的政治权力博弈。因此，单纯的司法改革几乎是不存在的。所以，开展司法改革和设计司法改革方案之前，必然也必须考虑到背后的政治权力博弈问题。

春秋时期的郑国铸刑书和晋国铸刑鼎并非中国的孤立事件，国外可以相提并论的应该是《汉谟拉比法典》。两河流域是有史记载的人类文明最早的发祥地之一，在苏美尔文明之后出现了古巴比伦王国。古巴比伦王国的著名国王汉谟拉比颁布了《汉谟拉比法典》，将涉及一系列社会问题的各种法律统一刻在一根石柱之上，其中也包括刑事法。法典上遗留了原始社会的同态复仇和奴隶制法所特有的主体不平等带来的权利义务的不平等，《汉谟拉比法典》的公布时间比郑国铸刑书和晋国铸刑鼎要早了1000年左右，《汉谟拉比法典》也反映了法律的公开化，但它是否体现出对奴隶主贵族权力的削弱不得而知。我们推测这部法典应该是起到了这种作用，虽然汉谟拉比国王颁布这部法典本意肯定是为了宣扬他的文治武功，但是客观上也能够遏制奴隶主贵族和官员恣意解释法律出入人罪的情况。

三、李悝变法

从郑国的铸刑书和晋国的铸刑鼎开始，春秋时期的各个国家开始将自己的刑律等法律公开向国人公开，法律的公开化在整个中华大地逐步完成。笔者认为，我国古代的第二轮重大的司法改革应该从李悝变法开始。魏国李悝变法，颁布《法经》，是第二次具有划时代意义的司法改革。从前铸刑鼎的晋国被韩赵魏三家分裂后，魏国作为新兴地主阶级的国家，急于用新的法律制度来加强统治，压制旧贵族，建立新的统治秩序。在这样的时代背景下，李悝变法适时地出现了。《法经》共有六篇：《盗法》《贼法》《囚法》《捕法》《杂法》《具法》，既包括实体法，也包括程序法，堪称我国古代刑法和刑事诉讼法的雏形。李悝变法打击了奴隶主旧贵族，进一步推进了法律的公开化。这是一次意义重大的司法改革，由魏国李悝变法开始，楚国吴起变法、秦国商鞅变法等一系列变法在战国七雄渐次推进。最终，封建制法代替了奴隶制法，法律相对公开公平，也相对准确、细致、容易掌握，使法律适用比较统一，法律后果更加具有确定性。商鞅变法是这一系列改革中最为后世所知的改革，但是商鞅变法仅仅是将李悝的《法经》拿到秦国实行，似乎并没有在刑律上有更多的创新。但是在法律的执行上，却远比魏国苛刻。商鞅将法家的严刑峻法拿到秦国实施，使秦国司法改革具有野蛮化的特点。这种野蛮化的法家治国，虽然能在短期之内使秦国百姓向往军功进而向往战争，有利于战争的实施，但是在完成统一战争之后，却不能够保证国家的长治久安，艰难建立的秦朝二世而亡。

四、汉高祖改革

在中华大地上第三次意义深远的司法改革，恐怕很多人无法想到是汉高祖灭秦之后的司法改革。秦法严酷且多如牛毛，在社会生活的各个层面以刑法对人民进行严密的控制。在某种程度上，把整个国家变成了一个大的监狱。除统治阶级是狱卒外，所有的黎民百姓都变成了囚犯。因此，始皇死而地分，陈胜吴广振臂一呼，反抗秦朝暴政的起义应者云集在全国各地爆发。陈胜、吴广大泽乡起义的原因是因为 800 名戍卒误了行期，根据秦法失期当斩，所以戍卒不得不反。而汉高祖落草芒砀山反秦也同样是因为率领戍卒误了行期，所以不得不反。这也说明秦律的苛刻烦琐虽然有利于控制人民和发动统一战争，但是在治理国家时已经严重影响了人民的自由，让人无法喘息。如果秦律不那么严酷，也许这些起义根本就不会发生。

秦将章邯击败陈胜、吴广和项梁，在巨鹿之战败于项羽，仅仅一次败绩就率20 万秦军向项羽投降，难道是他不懂胜败乃兵家常事的道理吗？其直接原因也是因为章邯战败，依秦律当斩，所以不得不向项羽投降。这也从一个侧面说明秦律严酷，甚至使秦人自己都对秦律产生了严重的抵触，产生了反噬秦朝自身的巨大反作用力。函谷关守卫秦国安全数百年，一夫当关，万夫莫开，山东六国极少能破关寇秦，但是却在汉高祖率领的战斗力并不强的起义军面前献关投降。这也从另外一个侧面说明，秦人自己也苦秦法久矣，不愿再为暴虐的秦政权卖命。汉高祖刘邦兵临咸阳城下，秦王子婴投降，汉高祖入城后做的第一件事就是废除全部秦法，与秦地人民约法三章：杀人者死，伤人及盗抵罪。汉高祖废除秦法，与秦地人民约法三章看似简单，其实却是中国历史上一次重大的司法改革。其主旨就是主动减轻黎民百姓过多的法律负担，即便不赋予黎民百姓更多的法律权利，也尽最大可能减轻黎民百姓的法律义务。汉高祖约法三章，解除了秦地人民沉重的法律负担，给了秦地人民法律上较大的自由，加上不杀不烧不抢的德政，一个本来应当被秦人仇恨的"楚国"征服者居然获得了秦地人民的普遍欢迎，甚至于秦人日后积极支持他与西楚霸王项羽争夺天下。

秦朝对人民的过分控制使得人民举止失措，动辄受罚，安能不反？汉高祖吸取了秦朝灭亡的教训，废除严刑峻法，以约法三章创立汉法的基础，虽然后代皇帝颁布的律法仍以秦律为蓝本，但在实施上已远不如秦朝苛刻。汉高祖司法改革的特点是大规模减轻人民的法律义务和法律责任，给予从前秦朝半奴隶化的人民更多的法律自由。这样的司法改革获得了人民的普遍拥护，这也是汉朝能够延续

400年的深刻原因。

五、汉文帝、汉景帝改革

汉高祖废除秦朝苛刻的法律之后，击败项羽，建立了汉朝。很可惜，汉朝统治者在建立了自己的政权之后，就从底层起义者蜕变成了秦朝王侯贵胄一样的上层统治者。他们接受了秦律，虽然将秦律中苛刻烦琐的部分去除，但是秦律的主要内容仍然被汉法所吸收。因此，汉朝初期的刑律依然非常残酷。肉刑仍然留存于汉朝初期的刑律中，这也是传承自秦律。那么在这里就必须要谈到汉文帝时期的废除肉刑和汉景帝时期的轻刑化改革。《缇萦救父》这个典故大家都应该了解，据说这是汉文帝废除肉刑的导火索。小女孩缇萦的父亲被别人控告，应当处以肉刑，缇萦非常勇敢，跟着父亲一起到了长安，向汉文帝上书说肉刑使人的身体残缺，无法重新做人，非常残酷，希望废除肉刑，自己愿意做官奴以替代父亲受刑。汉文帝看到缇萦的上书，深以为然，于是和群臣商议废除肉刑。肉刑是先秦法的一个重要特点，汉文帝废除肉刑确实是刑事司法文明化的重要进步。由于汉文帝并非嫡系而继承帝位，所以他非常重视自己的德行，希望通过做一个明君显示出其皇位的正统性。而且汉朝毕竟出自农民起义，是秦朝暴虐统治激发农民起义的目睹者和亲历者，因此有理由认为汉文帝废除肉刑的举动是对汉高祖废除繁复严苛的秦法的延续。汉文帝废除肉刑的内容如下："当黥者，髡钳为城旦舂；当劓者，笞三百；当斩左止者，笞五百；当斩右止，及杀人先自告，及吏坐受赇枉法，守县官财物而即盗之，已论命复有笞罪者，皆弃市。"[1]后世有人说汉文帝废除肉刑改为笞刑。因为笞刑数量众多，反倒使人丧命，实际是以轻刑之名行杀人之实。为了解决这一问题，后代君主汉景帝进一步减少笞刑的数量，并对笞刑的具体方法和刑具进行规定，将笞刑的刑罚强度大大降低。文帝和景帝两代皇帝的轻刑化运动是对汉高祖约法三章轻刑化运动的继承，堪称一以贯之之道，也是对汉承秦律的一种合理调整。这种轻刑化司法改革收到了很好的社会效果，使汉朝一反秦朝暴虐的形象，以仁政和孝道获得人心，这也是汉朝统治持续400年，人心思汉的重要原因。

---

① 出自《汉书·刑法志》。

六、唐太宗的死刑三复奏

唐太宗时期，为了少杀慎杀，就死刑问题规定在处决人犯前必须向他复奏三次，三次结果一样才能执行死刑。实际上，死刑复奏制度在隋代已经出现。隋唐统治者在死刑问题上的慎重，应当基于以下两点考虑：一是实施少杀慎杀的国策，以此来宣扬封建统治阶级的仁慈；二是避免错案。第一点容易理解，第二点则需要进一步分析。由于死刑的不可逆转性，人犯一旦被处决，即便日后发现是冤案，也不可能起死回生。中国封建时代的刑事案件往往立足于犯人的口供，侦查和审判质量都让人不敢苟同，可能存在大量错案。因此，历代统治者通过一系列的司法实践和改革形成了一套官员复查案件发现错案的制度。如果案件本身不是死刑案件，案犯不必处死，那么，经过犯人和亲属的不断申冤和官府的反复查验，犯人平反昭雪错案得以纠正是存在可能性的。但是，如果犯人被处死，则恢复冤错案件完全没有可能。所以，为了解决死刑错案问题，唐太宗启用了死刑三复奏政策。为了避免错案，死刑案件还需要由刑部和大理寺互相复核。根据朝代的不同，有时是由大理寺审理案件由刑部复核，有时是刑部审理案件由大理寺复核。总之，为了避免错案，重大案件都需要由这两个机关共同审核。除此之外，除斩立决案件，大部分死刑案件都要留待秋后执行。表面上看是因为秋天肃杀，因此顺应天道在秋季行刑。实际上还应当有隐含的纠正错案的意味。即在秋季行刑之前，留下一段时间供犯人亲属寻找新的证据以申冤或者由官府发现真凶。因此，无论是死刑三复奏，还是秋决前留下一段时间，从某种意义上讲都有可能是古人在低质量的刑事侦查和审判情形下，努力避免错案的一种有益尝试。

七、明太祖改革

汉唐以后也出现了多次司法改革，需要特别提起的一次是明太祖的司法改革。元朝类似于秦朝，实施暴虐的统治。元朝的法度一方面失之宽泛，另一方面又显示出明显的不平等和歧视。众所周知，元朝法律将人分为四等，不同等级的人在适用刑法方面存在法律明确规定的不平等。明太祖颁布大明律，废除了元朝的四等人制度，大明境内的所有国民不分民族地域，在法律面前一律平等。这是中国司法史上的一个巨大进步，也是对元朝法律歧视制度的一次拨乱反正。古代中国法长期以来有根据身份和职业尊卑而适用法律的传统，但是并没有根据民族不同地域不同而不平等适用法律的传统。明太祖废除元律四等人制度，颁布大明律的司法改革，第一次从法律上确定了各民族在法律面前一律平等。即便从现代法视角，也具有显著的文明进步意义。同时，明太祖为了削弱地方官员权力，将地方司法权从行政权中分离出来。宋太祖时期为了削弱地方节度使权力，在各州设立司寇院，由司寇监军负责一州的刑事司法。宋太祖的这一制度在明太祖时期得到进一步发展。明太祖在地方设置提刑按察使，专门负责刑狱，这也是中国司法权和行政权不断分离的重要表现。

八、中国司法改革规律总结

中国古代的这几次重要的司法改革，体现出以下几种思路：一是从法律神秘主义到法律的公开化；二是从法律的野蛮化到文明化；三是从重刑主义到轻刑主义；四是刑事司法与行政逐步分离而不断专业化；五是避免和纠正刑事错案；六是法律适用逐步平等化。无论是哪一个思路，都体现了刑事司法的文明化和进步化。举一个有趣的例子，明太祖颁布《大诰》。明太祖在颁布《大诰》之后，要求每一个家庭都有一本《大诰》，家里有《大诰》的，在犯罪时可以减罪一等。这与古代法律秘而不宣，郑国铸刑书、晋国铸刑鼎时遇到巨大反对声浪相比，真是天渊之别。这也说明中国社会的封建法治文化和社会法治心理已经逐步成熟。

清末的司法改革大家都比较熟悉，本书就简述一二要点。晚清政府在西方列强的冲击下，效仿日本，开始进行司法改革。在刑事司法方面，制定了大清新刑律和大清刑事诉讼法，成立专门的裁判机构，与行政机关彻底分离，专职审理案件。清末的司法改革尚未完成，清朝就被民国所推翻。民国的《六法全书》在很大程度上是对清末司法改革成果的继承。无论清末司法改革多么让人眼花缭乱，其所表现出的改革思路，其实也仍然是前面总结的六点，即：①从法律神秘主义到法律的公开化；②从法律的野蛮化到文明化；③从重刑主义到轻刑主义；④刑事司法与行政逐步分离而不断专业化；⑤避免和纠正刑事错案；⑥法律适用逐步平等化。这也说明，中国从古到今的司法改革，整体思路似乎一直就是上文所述六点，这也可以归结为中国司法改革的规律，而这些规律也似乎可以应用于我国当代的司法改革。总结司法运行的规律，或者总结司法改革的规律，并以此规律指导未来的司法改革，也许是指导未来司法改革进行的最佳进路。

而要总结司法运行的规律，仅关注中国的问题是不够的，必须同时关注外国的司法运行，并总结相应的规律。通过对古今中外司法运行的对比和抽象，才能探索、发现、总结出正确的司法规律，依照这样的司法规律才能指导未来的司法改革。因此，在梳理了中国古代和近代历次重要的司法改革之后，我们也有必要观察西方法治发达国家的司法运行和司法改革。通过对西方法治发达国家司法实践和变革的观察，结合我国司法实践总结出切实可行的司法规律。古为今用，洋为中用。通过这些司法规律来完善我国实然的司法运行，指导我国应然的司法改革，也许会收到良好的效果。

第二节　世界刑事司法改革中的共性和规律

刑事司法或者刑事诉讼中是否存在规律？存在哪些规律？这一问题的解决实际上离不开人类社会的一般性规律。我们可以跳出就事论事的孤立视角，从人类发展的宏观角度审视刑事司法，从人类行为的角度研究诉讼行为，从人类社会运行规律的角度分析刑事诉讼规律，这样才能有登高望远的视野，才能有高屋建瓴的阐释。

人类自数万年前进化为智人后，最主要的社会和行为规律似乎就是社会分工。这一规律是人类群体社会化程度不断提高和进步的标志。社会分工作为一条主线贯穿了旧石器时代和新石器时代，又在上古、中古和近古发挥了加速器的作用。任何人都无法否认人类所取得的巨大成就来源于社会分工的巨大影响。《社会分工论》是法国社会学家迪尔凯姆1893年的博士论文，是其社会分工理论奠基的开山之作。在文章的一开始作者显示出了他反对单一的功利主义思维的立场，迪尔凯姆指出：社会是多元的，是由种种相互矛盾的部分所组成的，因此要适应相互矛盾的种种需要，就必须有一种限定与平衡。他选取的题目是一个经济学的对象，但他却从其中找出了非经济的内核规律。这本书的中心思想就是，劳动分工并不是纯粹经济现象。同样地，刑事司法规律也不是纯粹法律现象，也同样可以找出非法律的内核。笔者认为，这个内核就是社会分工规律。在人类社会的发展过程中，社会分工起到了强有力的促进作用。社会分工的影响及于人类社会的方方面面，自然也渗透于刑事司法领域。缘于社会分工的作用，人类在刑事司法领域发生了四次较大的变革，对人类的法制产生了深远的影响。故而，笔者认为，社会分工规律可以视为刑事司法中的一个重要规律，可以具体称为"刑事司法中的社会分工规律"。这一规律关乎刑事司法机关的职权分工，也就是刑事职能机关职权配置的分化和优化。

一、刑事职能机关职权配置的分化

"刑事司法中的社会分工规律"，首先表现为刑事职能机关不断发生分工，新的刑事职能机关不断出现，各职能机关的职权分工日渐清晰和专业化，也就是"刑事职能机关职权配置的分化"。人类刑事司法史经历了行政权与司法权的分离、审判权与控诉权的分离、警检法等职能部门的分立以及审判权的扩张四个阶段，前三次变革集中体现了"刑事职能机关职权配置的分化"这一规律。

（一）行政权与司法权的分离

从《圣经》上我们可以读到所罗门王断案的故事，所罗门王既是以色列国的最高行政权威也是该国的最高司法官，通过他的伟大智慧，解决了两个妇人对孩童的争夺①。他的裁判就是终审裁决，具有最高的法律效力。在中国亦然，长期以来，县令作为县的行政长官，同时也是本县的司法长官，负责本县刑事案件的追诉和审判。随着社会分工的细化，司法权开始与行政权分离。在中世纪的欧洲，出现了专门的宗教裁判所，与之相对应，专门的世俗裁判机构也开始出现，这些裁判机构最终独立于行政机关。在中国，从皋陶治狱到夏商周三代，中央均有专门的司法官，其后秦汉设置廷尉，齐隋设立大理寺和刑部，中央层面的司法权与行政权基本分离。宋明以降，地方设立提刑按察使司，地方的司法权与行政权的分离也在不断深化。

---

① 有两女来到所罗门王面前为了谁是婴儿的母亲而争吵。当所罗门王建议她们把这个孩子用剑劈成两半时，一个女人说，她宁愿放弃这个孩子，也不愿看到他被杀死。所罗门王宣布那个表现出怜悯之心的女人是婴儿真正的母亲，并把婴儿还给了她。

（二）审判权与控诉权的分离

审判权与控诉权的分离，简称控审分离，是刑事司法史上的又一次巨大进步。控审分离肇始于法国大革命，波旁王朝的黑狱式司法让法国人民饱尝白色恐怖之苦。所以，一旦革命成功，法国人民立即着手修改刑事诉讼法。在拿破仑时期颁行的《法兰西刑事诉讼法》，就明确反映了控审分离原则。比如，在法院之内设立单独的检察官职位，由检察官行使对被告人的控诉权，法官不再行使对被告人的控诉权，其权限仅局限于对案件的审判。而且，所有案件必须也只能由检察官提起，法官无法主动提起诉讼或开启审判，只能在检察官提起公诉后被动地开启审判。法国刑事诉讼法开启了一个新的时代，自此之后，欧洲各国纷纷效仿，控审分离在欧洲大陆逐渐成为潮流。中国的控审分离形成较晚，清末颁行的《法院编制法》规定在各级审判衙门内设立检察官，由检察官负责刑事案件的公诉，法官不再行使追诉职能，其权力仅限于审判。我国控审分离原则的确立虽晚，但是清末民国的立法和实践为其奠定了良好的基础，中华人民共和国后更是实质性地推进了这一原则的实现。

（三）警检法等职能部门的分立

司法权在同行政权分离的过程中，刑事诉讼程序逐步成熟，刑事诉讼中的职能机关逐步分立为法警检三机关。

1. 法官和警察

无论是东方还是西方世界，法官和警察这两个履行审判职能和侦查职能的主体，在上千年的时间里一直是刑事诉讼中的主角。读过《水浒传》的人都知道武松武都头和雷横雷都头，其实质就是捕头。在县衙之中，虽然司法职能主体并没有严格区分为审判主体和侦查主体，但都会设立"捕头"一职，管理三班衙役捕快。在兵刑合一的体制下，"捕头"及其管辖衙役捕快不但要负责本县的治安，还要负责刑事案件的侦查，而县令更多的时候则倾向于审判权的使用。

在英美法系，英国最早出现了近现代意义上的警察，他们开始时被称为"bow street runners"。在审判主体和侦查主体逐步分立后，在一段时间内并不能区分哪个为主哪个为辅，有点类似于我国刑事诉讼原则所描绘的"分工负责，互相配合，互相制约"。这一状态一直持续到13世纪英国《自由大宪章》的颁布，《自由大宪章》确立了"令状主义"原则，规定警察机关实施逮捕和搜查措施前，需要获得法官的令状。自此，审判权开始凌驾于侦查权之上，对侦查权实施监督。

在大陆法系，审判权取得对侦查权的优势地位则要再晚一些。法国作为大陆法系的代表国家，是封建集权的大王国，甚至直到大革命之前依然实行"黑狱式"的侦查，即无节制无监督的侦查。直到法国大革命之后，预审法官制度的建立才使侦查行为置于司法机关的监督之下。

再回过头来看我国，近现代意义上的警察出现得很晚。直到清末民初，袁世凯才建立了中国最早的近现代警察机关。但由于后发优势，民国在立法时引入了欧美的令状制度，从某种程度上确立了审判权对侦查权的监督地位。我国台湾地区一直实践着这样的立法，从对陈水扁的一系列追诉行为中，我们似乎可以管中窥豹。中华人民共和国成立后废除了六法全书，在 1979 年颁布的《刑事诉讼法》中，确立了公检法三机关"分工负责，互相配合，互相制约"的原则。审判机关无权对侦查机关实施监督，检察机关被赋予了对侦查机关某些侦查行为的监督权。在中华人民共和国成立后的司法实践中，"侦查中心主义"一直是我国刑事诉讼的典型特征，公安机关的权力和地位均高于法院。十八届四中全会以后，中央提出"推进以审判为中心的诉讼制度改革"的目标，力图提升审判机关在刑事诉讼中的核心地位，堪称我国社会主义民主和法治的重要进步。不过，在可预见的未来，审判主体对侦查主体的监督，可能依然会由检察机关代为行使。

2. 检察官

检察官或公诉人，检察机关或公诉机关，其出现时间要晚于法官和警察。独立的检察官的出现，源于法国大革命，革命中的法国人第一次在法院设置了独立的检察官，拿破仑战争后欧洲大陆各国群起效尤。

在大陆法系国家，检察官拥有强大的权力，不但可以指导或指挥警察，甚至取代警察行使侦查权。检察官制度建立后，检警一体制度随后出现，大陆法系各国普遍将对警察的指导甚至指挥权赋予检察官，并从法律上将侦查权赋予检察机关，警察机关反而成为辅助机关。如果必须对大陆法系国家职权机关的权力和地位进行排序的话，可以认为检察官强于警察，但弱于法官。

在英国一直没有专门的公诉机关，所谓的公诉人，就是警察机关雇用的律师。近几十年来，才设立专门的检控官。美国的检察官制度要早于英国，也更加正规化和体系化。但无论是英国还是美国的检察官，其权力都无法与大陆法系的检察官相提并论。在英国，检控官的地位既无法与法官相比，也无法与警察机关相比。在美国，检察机关能够与警察机关势均力敌，但无法与审判机关相匹敌。

在我国，检察官制度出现于清末修律，在民国时期得到发展，在新中国趋于成熟。我国的检察机关不仅拥有公诉权，还被赋予了法律监督权。一方面，检察机关是侦查机关某些侦查行为的司法审查机关；另一方面，检察机关甚至是审判机关某些审判行为的法律监督机关。因此，在我国，公检法三机关的权力和地位不相上下，审判机关并不当然地居于检察机关和公安机关之上。

二、刑事职能机关职权配置的优化

笔者在前文指出，缘于社会分工的作用，人类在刑事司法领域发生了四次较大的变革，对人类的法制产生了深远的影响。社会分工规律可以视为刑事司法中的一个重要规律，可以具体称为"刑事司法中的社会分工规律"。这一规律关乎刑事司法机关的职权分工，由"刑事职能机关职权配置的分化"和"刑事职能机关职权配置的优化"两个子规律组成。

"刑事职能机关职权配置的优化规律"，是与"刑事职能机关职权配置的分化规律"相对应的另一个重要规律。人类刑事司法史经历了行政权与司法权的分离、审判权与控诉权的分离、警检法等职能部门的分立以及审判权的扩张四个阶段。刑事诉讼领域的第四次变革，其标志就是审判者权力的扩张（以下简称审判权的扩张），所反映的就是刑事职能机关职权配置的优化规律。

在司法史上，审判权的扩张有两个转折点，它们都反映了刑事职能机关职权配置的优化规律。

（一）审判者权力扩张的第一个转折点——英国的实践

侦查权等权力的滥用和专横，促使侦查监督的出现，法治发达国家一般选择审判者（以司法审查的形式）对侦查机关进行监督，这在客观上促进了审判者权力的扩张。

刑事诉讼法被称为小宪法，在宪政领域可能出现的问题在刑事诉讼领域都可能会出现，最相似的就是国家行政性质公权力的滥用问题。侦查权和公诉权①，在很多国家被归为行政权。侦查、起诉行为，实际上是运用行政性质公权力对犯罪嫌疑人、被告人发起的一场惩罚犯罪、维护社会秩序的行动。我国对侦查权性质的界定并不明确，并未严格地将侦查权界定为行政性质公权力，即便众多学者认为侦查权的性质属于行政性质公权力，也并不一致认为侦查机关实施的侦查行为都属于行政行为。检察机关更被我国宪法界定为司法机关，其审查起诉行为和公诉行为更难以认定为行政行为。

在法治发达国家长期的司法实践中，人们发现，侦控权力固有的行政权性质使其容易滥用。侦控权力的行政专横，远比司法专横更为可怕。刑事诉讼领域的国家公权力滥用，和宪政领域的国家公权力滥用一样，也体现为行政性质公权力的滥用。对公民宪法基本权利和诉讼权利的侵犯往往发生在审前阶段的侦控程序之中。拥有侦控权力的公权力机关与处于被追诉地位的犯罪嫌疑人之间是对抗关系，因此侦控机关很容易利用国家公权力迫使犯罪嫌疑人承认其罪行，甚至不惜违反程序法的规定达到其追诉目的，对侵犯犯罪嫌疑人的宪法基本权利和诉讼权利往往也是无所顾忌。而犯罪嫌疑人对侦控机关的侵权行为往往无还手之力，甚至鸣冤叫屈都无人理睬。在几千年的时间里犯罪嫌疑人一直是刑事诉讼中的客体，其正当的诉讼权利被肆意侵犯。

在中世纪开始后的上千年时间里，刑事诉讼为行政性质公权力所操纵，或者说为国家行政当局所操纵，审前阶段行政性质公权力的滥用造成审判本身在很多时候只是一种形式、一个过场、一种镇压的仪式。此时的司法审判，程序正义难以寻觅，实体正义能有多少也令人怀疑。也是在这个时期，为了解决审前程序中侦控权力的滥用问题，仁人志士们进行了不懈的探索。1215 年，经过贵族和市民的共同努力，英国颁布《自由大宪章》，规定不经贵族法庭审判或颁发令状，不得剥夺任何人的自由，令状主义原则由此产生。令状主义原则可能是人们尝试对侦控权进行控制的最初探索，它实际是现代事前司法审查制度的雏形。令状主义原则要求侦控机关在采取限制和剥夺公民人身自由的强制性侦查行为前必须首先要获得法官颁发的司法令状。而司法机关在颁发令状前必然会对侦控机关强制

---

① 即侦查权和控诉权，简称侦控权。

性侦查行为的合法性进行审查①，由于这种审查是由非行政性质的第三方司法机关进行的，所以可以在很大程度上制约侦查专横，遏制行政性质公权力对公民人身权、财产权的肆意侵犯，也在客观上促进了审判者权力的扩张。

（二）审判者权力扩张的第二个转折点——法国和美国的实践

受到美国独立战争的影响，1789 年法国大革命爆发，人们捣毁了封建司法象征的巴士底狱，同时也唾弃了纠问式诉讼和法定证据制度。在随后制定的具有近现代意义的法国刑事诉讼法中，针对行政性质侦控权专横的问题，确立了权力制衡原则，并以之为基础建立了极具特色的预审法官制度。美国虽然也意识到了刑事诉讼中行政性质侦控权专横的问题，但其受英国法影响，法官被动而超然，因此代表司法权的法官仅仅通过令状对行政性质侦控权进行制衡，故而权力制衡在英美法中的表现只是司法权对行政权的简单制约。法国刑事诉讼法的理念更加大胆而激进，预审法官制度体现的是司法权对行政性质侦控权的指导甚至是指挥，而非简单的制约，权力制衡原则表现为司法权对行政权的全面监督。

法国预审实行两级制，分为初级预审和二级预审。在初级预审阶段，预审工作由（初级）预审法官主持，其职能是指挥侦查活动以及对侦查活动进行事前司法审查。二级预审法官具有的职能有：对羁押的合法性进行审查，包括对初级预审法官做出的临时羁押裁定进行审查；另外，二级预审法官具有确定管辖的权力。法国的预审法官制度，其实质是由代表司法权的法官直接指挥侦查活动，领导检察官和警察的工作。预审法官制度实际上是司法权的扩张，司法权由此堂而皇之地从审判阶段扩张到审前阶段。司法权在刑事诉讼中的扩张是近现代刑事诉讼的一个重要特点，将司法权从审判阶段扩张到审前阶段，从实体法事实裁判领域扩张到程序法事实裁判领域是司法权扩张的总体趋势。英美法系国家通过令状主义和后来的（事后）司法审查制度完成了这种扩张，而法国则是通过预审法官制度完成了这种扩张。法国司法权扩张得更加猛烈，完全控制了审前阶段，使刑事诉讼几乎在各个阶段和各个层面上都实现了司法化和诉讼化。

---

① 即对是否符合法定的或习惯的实施条件进行审查。

法国和美国的差异主要源于法国人民对封建时代的侦查专横比美国人民有更深刻更持久的切肤之痛。法国人民对行政性质的侦控权力和侦控机关似乎已经失去了信任，他们认为只有中立的司法机关才能公正地对待公民，只有中立的司法机关才能在刑事诉讼中依照法律而不是政府意志追究犯罪嫌疑人的责任，也只有中立的司法机关才能保障公民免受无端追诉和羁押之苦。美国作家房龙这样描述欧洲中世纪刑事追诉的专横："在整整五个多世纪里，世界各地成千上万与世无争的平民仅仅由于多嘴的邻居道听途说而半夜三更被人从床上拖起来，在污秽的地牢里关上几个月或几年，眼巴巴地等待既不知姓名又不知身份的法官的审判。没有人告诉他们罪名和指控的内容，也不准许他们知道证人是谁，不许与亲属联系，更不许请律师。如果他们一味坚持自己无罪，就会饱受折磨直至四肢都被打断。别的异教徒可以揭发控告他们，但要替他们说好话却是没有人听的。最后他们被处死时连遭到如此厄运的原因都不知道。"① 这样的场景让法国人触目惊心、心有余悸。因为不确定共和政府是否一定比封建君主更讲道理，因此法国人非常明智地将刑事诉讼，特别是审前阶段刑事诉讼的主导权交给了司法机关。权力制衡理论使他们相信中立的司法机关可以成为刑事诉讼中公民人身权利和财产权利的保障者。在这种理念的支持下，法国裁判权完成了典型的扩张。这种裁判权的扩张影响了整个欧洲乃至整个世界的刑事诉讼结构。大陆法系另一个重要国家德国的刑事诉讼结构就深受法国影响。直到 20 世纪晚期，德国才废除了预审法官制度，由检察官直接指挥侦查，但仍然保留了预审法官制度的合理成分，如设置侦查法官，由侦查法官对侦查机关的诉讼行为进行司法审查，在审前阶段对侦查权进行监督。

（三）审判者权力扩张的基础——司法审查（原则）

司法审查是审判机关实施侦查监督的主要方式，也是审判者权力扩张的基础，审判者权力扩张的主要方向是审前阶段和程序法事实裁判与证明。

随着大陆法系和英美法系的基本形成，众多的诉讼理论和证明理论不断出现。其中，司法审查原则的正式形成意义比较重大。司法审查原则可以追溯到英国的令状制度和法国的预审法官制度，但现代意义的司法审查原则形成于美国，

---

① ［美］房龙：《宽容》，生活·读书·新知三联书店 1985 年版，第 136 页。

并在"二战"后逐步为各主要法治国家所接受。现代意义上的司法审查最初是宪法和行政法意义上的，其实行前提是宪政的确立和稳固。当宪法确立之后，如何保障宪法不是一纸空文，能够被严格遵守是现代国家面临的一个问题。三权分立原则虽然比较好地解决了这一问题，但仍然无法解决行政权专横和立法权滥用使宪法被架空的危险。徒法不足以自治，限制性规范和禁止性规范必须和制裁措施相对应，才能不使其流于形式，成为单纯的宣言。为了解决上述问题，司法机关被赋予了护法机关的角色，宪法授权其可以对行政机关和立法机关的行政行为和立法行为进行审查，并对违宪行为实施制裁。虽然这种制裁一般只是宣告行政行为无效或立法行为无效，但已足够承担护法重任，可以阻止行政机关和立法机关对宪法的违反。行政法意义上的违法审查类似于宪法意义上的违宪审查，只不过是小而化之，但仍然反映了权力制衡理论，即通过司法机关对行政机关违法行政行为的审查，以及宣告违法行政行为无效来规制行政权的滥用。司法审查原则的效果显著，因此很快被引入刑事诉讼领域。刑事诉讼中早已存在的令状制度和预审法官制度，使法官可以对程序法请求事项进行事前审查；而司法审查原则的引入使法院可以对侦控机关的程序性违法行为进行裁判和处罚，即对程序性违法引发的程序法争议事实（项）进行事后审查，这样就使司法审查的完整体系得以构建。法院既可以对程序法请求事实（项）进行审查，也可以对程序法争议事实（项）进行审查；既可以进行事前司法审查，也可以进行事后司法审查。

司法审查体系的完善使裁判权得以扩张，裁判权一方面从审判阶段扩张到审前阶段，另一方面从实体法事项的裁判扩张到程序法事项的裁判。对程序法事项的裁判（司法审查）被我国学者抽象为程序性裁判和程序性制裁，很好地描述了这种新的司法裁判的特征。源于令状制度（事前司法审查）的建立，程序法请求事实（项）的程序法事实裁判初步出现在审前阶段。随着预审法官制度（事前司法审查）的建立，程序法请求事实（项）的程序法事实裁判开始在世界主要法治国家的近代刑事诉讼中确立。而现代意义的司法审查制度被法治发达国家普遍接受，使程序性违法正式进入到程序法事实裁判的视野，由程序性违法引发的程序法争议事实（项）的裁判成为了程序法事项裁判的对象，相应地也成为程序性制裁的对象。程序性制裁的对象是每一种存在程序性违法的行为，特别是违反程序法的侦控行为。未经事前司法审查或虽经事前司法审查仍然存在违法的侦控行为会受到制裁，可能会因为存在程序性违法而被宣告无效，通过这种违法行为取得的证据可能会因为非法而被排除法庭适用。程序性裁判和程序性制裁相互呼应，从制度上保障了裁判权从实体法事项裁判领域向程序法事项裁判领域的扩张。这也意味着刑事诉讼法不仅是保障刑事实（项）体法实施的法律，它第一次成为监督和制裁侦控机关公共侵权行为的法律。程序性裁判和程序性制裁制度的完善，使程序法事项的裁判第一次形成完整的体系，第一次能够和实体法事项的裁判平分秋色。从此以后刑事诉讼法的作用分成了两个——保障实体法实施和阻却违法诉讼行为。同时，由于程序性裁判（程序法事实裁判）以程序法事实证明为基础，程序法事实证明的对象也得以扩大，体系也得以完善，开始以一种独立的证明形态存在。

第三节　刑事司法规律与刑事司法改革

一、以刑事司法规律指导刑事司法改革

社会分工规律是人类社会中的一种客观的规律，因其形成和发挥作用的领域是人类社会，故人类群体的主观能动性也可以在一定程度上发挥自发或自觉的作用。随着生产力的发展社会分工不断细化，受社会分工规律的影响，人类政治和法治发展的特征之一就是权力的细化和分化。司法权作为国家权力的重要组成部分也不例外。行政权和司法权的分化实现了司法的独立性，彰显了司法权的专业性，同时也减少了行政权对司法权的干预；司法权内部控诉权和审判权的分化则使司法权自我完善和刑事诉讼构造进一步发展；审判机关、警察机关和检察机关三机关权力边界的明晰化，则使相关机关分工负责各司其职。因此人类刑事司法的发展进程就是刑事职权机关职权配置的细化、分化和专业化之过程，体现在我国刑事诉讼法中就是分工负责，互相配合，互相制约原则（中国）。在这个基础上，进一步可以拓展出侦查、检察、审判权由专门机关依法行使原则（中国）、

人民法院、人民检察院依法独立行使职权原则（中国）、未经法院依法判决，对任何人不得确定有罪原则（中国），以及控审分离原则（国际）和法官独立原则（国际）。

就审判者与其他职能部门的关系而言，人类刑事司法史经历了行政权与司法权的分离、审判权与控诉权的分离、警检法等职能部门的分立以及审判权的扩张四个阶段，前三次变革集中体现了"刑事职能机关职权配置的分化"这一规律，第四次变革则是"刑事职能机关职权配置的优化"这一规律的表现。

这两条司法规律是我们从国外司法运行和变革中总结出来的，似乎也可以指导我国日后的司法改革，或者用于设计应然的司法改革。

"刑事职能机关职权配置的分化规律"和笔者前文总结的六个中国司法改革大体中的第四个思路"刑事司法与行政逐步分离而不断专业化"大致相当，中国本土规律和域外规律居然惊人的一致。显然，我们不赞同"普世价值"的提法，但是在工具层面，确实还是有一般性的规律可以遵循的，这种一般性的规律类似于自然规律，与意识形态无关，是人类长期司法实践的总结，在马克思列宁主义的大前提下，基于毛泽东同志实事求是的立场，完全可以指导我国的司法实践和司法改革。在本书"客体理论指导司法实务问题和司法改革"一章，笔者会详细论述这一司法规律涉及的公诉变更问题、法院变更起诉指控罪名问题和法院变更起诉事实问题。

不仅如此，本书认为上文总结的中国司法改革的六个大体思路都可以作为设计应然的司法改革的规律，指导中国未来的司法改革。这六个中国司法改革的大体思路是：①从法律神秘主义到法律的公开化；②从法律的野蛮化到文明化；③从重刑主义到轻刑主义；④刑事司法与行政逐步分离而不断专业化；⑤避免和纠正刑事错案；⑥法律适用逐步平等化。

在下文中，笔者会详细论述这些司法规律涉及的实然的司法改革：收回死刑复核权的改革、非法证据排除的改革、推进以审判为中心的诉讼制度改革、员额制等，甚至与刑事诉讼法相关的监察改革。本书会描述实然的司法改革的实际实施情况，对实施效果加以阐释，并对可以进一步完善之处进行讨论，力求做到理想与现实相结合，立足于实然的司法改革分析应然的司法改革。

二、刑事司法规律与应然的刑事司法改革

前文总结的中国司法改革的六个大体思路一直与中国实然的司法改革密切相关，在这里笔者想分析一下"刑事职能机关职权配置的优化规律"，这个规律是与"刑事职能机关职权配置的分化规律"相对应的重要规律，与应然的司法改革密切相关。

刑事职能机关职权配置的优化规律，体现在刑事诉讼法中就是司法审查原则的逐步确立和完善。这个司法规律可以对我国下一步的司法改革提供思路，并为设计未来应然的司法改革方案提供指导。

在传统理论中，法院司法裁判的对象只有一个，那就是被告人的定罪量刑问题，也就是被告人的行为是否构成犯罪，依照刑法应当给予何种处罚。此时的司法裁判解决的问题是实体法问题，其性质归属自然也是实体性裁判。随着西方国家宪法、行政法领域的司法审查制度应用于刑事诉讼法领域，法院的司法裁判对象增加了新的内容①。刑事诉讼中的司法审查针对的对象是刑事程序法违法行为，即程序性违法行为，由当事人（公民、法人或其他组织）提起对程序性违法行为的司法审查之诉②。通过法院的司法审查，审查侦查机关、检察机关乃至审判机关诉讼行为的性质，评价侦查行为、检察行为，乃至法院审判行为的法律效力，对侦查违法行为、检察违法行为和审判违法行为加以纠正或救济。随着"二战"后现代司法审查制度在刑事诉讼领域的正式确立，由法院受理司法审查之诉，对刑事诉讼行为的性质进行审查，便逐步形成了完善的制度。我们耳熟能详的程序性裁判、程序性后果（程序性制裁）和程序性辩护等概念正是我国学者对西方法治国家司法审查制度的抽象描述。司法审查制度在刑事诉讼领域的运

---

① 在宪法领域，司法审查针对的是违宪行为，即对宪法违法行为进行审查；在行政法领域，司法审查针对的是行政违法行为，即对行政违法行为进行审查。无论是哪种领域的审查，一般都以民告官的形式存在，由公民、法人或其他组织提起对违宪行为或行政违法行为的司法审查之诉，通过法院的司法审查，评价立法机关立法行为、行政机关行政行为的法律效力，对违宪行为和行政违法行为加以纠正或救济。

② 笔者认为，对程序性违法引发的程序性争议事实（项）的裁判可以称为狭义的程序性裁判或者狭义的司法审查之诉，而对非程序性违法引发的程序法争议事实（项）、控方提出的程序法请求事实（项）和辩方提出的程序法请求事实（项）的裁判，可以称为广义的程序性裁判。狭义的程序性裁判或者狭义的司法审查之诉，具备了最完备的特征和代表性，是程序性裁判或者司法审查之诉的典型代表。

用，给司法裁判对象的内涵和外延都带来了巨大的变化。从此之后，法院司法裁判的对象就不再仅仅是被告人罪与罚的实体法问题，由程序性违法引发的侦查、起诉、审判机关的诉讼行为性质争议这种程序法问题也正式成为法院司法裁判的对象。这就意味着对程序性违法行为的司法审查之诉和对实体性犯罪行为的定罪量刑之诉一起成为法院司法裁判的对象，不仅是公民、法人或其他组织的犯罪行为可以成为司法裁判的对象，承担刑事实体法实施的侦查、起诉、审判机关的程序性违法行为也可以成为司法裁判的对象。这种变化具有划时代的意义，它使得刑事诉讼法不再只是确保刑事实体法实施的程序法，同时也成为确保刑事诉讼本身依法进行的程序法，这在客观上进一步促进了审判者司法权力的扩张和优化。

这一司法规律可以指导的应然的司法改革，比如设立需经司法审查的搜查措施和独立的未决羁押措施（未决羁押与逮捕、拘留措施相分离），设立治安法官或预审法官取代检察机关对逮捕等程序法事项进行司法审查。这些司法改革虽然尚未实施，也不一定在未来一定能够实施，但是依照司法规律展望司法改革未来的方向却是法学研究者不可推卸的责任，我们的任务就是要根据司法规律确定司法改革方向，设计司法改革方案，为决策者提供合理化建议，以备未来不时之需。

本章补充注释

［1］马可、闫奕铭、李京涛：《程序法事实的三维度分析——新的证明对象、裁判对象和刑事诉讼法律关系客体》，《中国人民公安大学学报（社会科学版）》2014 年第 1 期。

［2］马可：《程序法事实证明的概念、适用、实质与意义》，《中国刑事法杂志》2013 年第 10 期。

［3］肖建国：《程序公正的理念及其实现》，《法学研究》1999 年第 3 期。

［4］史立梅：《程序正义与刑事证据法》，中国政法大学博士学位论文，2003 年。

［5］马可：《宗教大审查与欧洲中世纪刑讯》，《山东警察学院学报》2011 年第 2 期。

［6］谭正、刘长亮：《政治哲学视野下的陪审制——一个民主理论的视角》，

《法制与社会》2007 年第 12 期。

[7] 谢进杰：《论被告人的处遇》，《法制与社会发展》2007 年第 4 期。

[8] 谭正：《作为正当程序渊源的普通法传统》，苏州大学硕士学位论文，2005 年。

[9] 李学迎：《人类不宽容灾难与对宽容的追求》，《山东社会科学》2012 年第 6 期。

[10] 牛笑风：《过渡时期的磨难：异端与宽容——英国宗教改革前的信仰宽容问题》，《湖州师范学院学报》2005 年第 5 期。

[11] 艾超：《辩护权研究》，武汉大学博士学位论文，2010 年。

第二章　中国近年司法改革评述

在牛津大学犯罪学中心，笔者从事刑事错案的研究和联合王国刑事司法制度研究。与犯罪学中心的前主任卡洛琳霍莉教授的合作是愉快的，感谢她给予笔者的指导与帮助。在牛津大学的研究证实了笔者一直以来的想法，即刑事错案在各国都是存在的，刑事制度和司法程序中的问题与漏洞在世界各国也都是不可避免的。因此，为了能够解决上述问题，司法改革在世界任何国家都不可避免，哪怕是像大不列颠及北爱尔兰联合王国这样具有长期法治传统的法治发达国家。英国在近几十年出现了以伯明翰六人案为代表的一系列冤错案件，这使其持续关注刑事司法程序，并力图通过司法改革解决上述问题。在法律制度方面，联合王国颁布了《警察和刑事证据法》等法律，而在机构设置上则建立了皇家刑事司法委员会。英国刑事司法改革对我国的启示可能是，在出现刑事冤假错案时既不能惊慌失措也不能隐瞒掩饰，而是要实事求是地寻找问题与漏洞，而后通过对制度和程序的改革尽量解决问题。实际上我国在这个问题上和英国采取了相同的思路——通过司法改革解决刑事司法中存在的问题。

中国的司法改革一直是学者和各界人士关注的社会热点。近些年来，我国的司法改革更是动作不断。2007 年以来，我国先后开展了四次重大的司法改革。分别是最高人民法院收回死刑复核权、非法证据排除规则的确立、以审判为中心的诉讼制度改革和员额制改革。这四次改革对依法治国和社会主义民主法制具有非凡的意义，特别是前三项改革，更是对我国法治与社会进步具有里程碑式的意义。任何的司法改革都需要以法律规范的形式在法典中加以确立，相应地，我国刑事诉讼法也进行了修改。对这些司法改革的推动力，可以归结为对公正审判的要求，目的是避免冤假错案的产生，可以视为司法改革的国内推动力。

此外，在国际层面还存在着另一个推动力。随着大陆法系和英美法系的融合，人类社会在司法规范、程序和制度方面达成了很多共识。现代法律制度在大多数国家得以建立。随着一系列国际司法公约和人权公约的建立，全球性的司法规则和人权规则逐步形成。一个国家的国内司法制度如果与这些国际公约相左，往往会受到其他国家的诟病，而且根据条约必须遵守的原则，加入这些公约的国家也有义务修改国内法以与公约一致，这也就是司法改革在国际层面的推动力。

无论是基于国内对公正审判的要求还是国际公约的条约义务，我国都有必要进行司法改革，这种改革有时是不以我们的意志为转移的，源自大时代的需要和人类社会的汤汤潮流。笔者认为，现阶段推动我国司法改革的主要动力还是源自对公正审判的要求，目的是避免冤假错案的产生，即国内层面的推动力。有鉴于此，我国近些年来开始逐步推进各项司法改革。

第一节　十余年来的三次重要司法改革

最高人民法院收回死刑复核权、非法证据排除规则的确立和以审判为中心的诉讼制度改革这三项改革的共同目的都是为了避免错案。

最高人民法院收回死刑复核权，实际上是为了提高死刑复核的质量，更加严肃、谨慎地核准死刑。之所以通过最高人民法院收回死刑复核权减少刑事错案，可以这样理解，因为死刑错案一旦发生，错案完全无法挽回，犯罪嫌疑人一旦被处决，即便日后翻案为其恢复名誉，生命已被剥夺，所造成的生命损失完全无法挽回。因此，最高人民法院收回死刑复核权是避免错案的一个重要举措，也就是避免在死刑案件上出现冤案，犯下大错。冤错案件出现的主要原因在于侦查阶段取证不规范、证据不扎实。虽然冤错案件出现在审判阶段，但是造成冤错案件的原因却在于侦查阶段，相当于水源在上游受到污染，却使下游喝水的人受到了损害。因此，治理河水的污染必须治理上游，而不是下游。由法院对侦查机关的侦查行为进行司法审查是最直接的办法，但是，由于我国宪法所规定的司法职权配置，法院无权对侦查机关的侦查行为进行司法审查。因此，由最高人民法院推出非法证据排除规则，通过排除刑讯逼供所得的非法证据，来避免不真实的证据进入到法庭适用，造成法官的错误判断，以至于出现错案。此后，又明确提出推进以审判为中心的诉讼制度改革。即以审判为中心、以庭审为中心，变从前以侦查为中心的侦查中心主义为现在以审判为中心、庭审为中心的审判中心主义，将刑事案件的解决放在庭审阶段而非侦查阶段。改变从前某些地方犯罪嫌疑人在侦查阶段确定有罪，之后的审判基本只是走过场的局面。以庭审作为审查核实证据和认定事实的最关键环节，以庭审作为确认被告人罪与非罪的最终和唯一环节。通过这种方式将案件的主导权从侦查机关交还更加中立、更加熟悉法律的法院，由其对案件进行决定性的审查判断，以此避免错案的产生。

一、收回死刑复核权的改革

2007 年最高人民法院正式收回死刑复核权，这一改革应该是近十几年来最早进行的意义重大的司法改革，自此实然的司法改革开始了其历程。

在 20 世纪 80 年代的"严打"中，最高人民法院将死刑复核权交由各省高级人民法院行使，而基层人民法院甚至也可以审判可能判处死刑的案件。这种权力下放难免造成冤错案件。"严打"之后，虽然基层法院不再审判可能判处死刑的案件，但各省高级人民法院仍然可以对死刑案件进行核准，这种授权一直到2007年最高人民法院收回死刑复核权为止。

死刑复核权收归最高人民法院统一行使，一个主要的积极效果就是在全国范围内确保了法律适用的统一，而这在从前各省高级人民法院分别行使死刑复核权的时候是很难保证的。另一个主要的积极效果是减少了死刑判决，客观上实现了"少杀慎杀"的刑事司法政策，而这也只有在最高人民法院统一行使死刑复核权时才更具可操作性。

中国政法大学陈光中教授指出："死刑是剥夺人的生命的最严厉的刑罚，严格限制和废除死刑已经成为国际性趋势，我国根据国情，目前尚不能废除死刑，但应慎重而公正地办理死刑案件，尽量限制死刑的适用。最高人民法院收回死刑复核权意义重大，它使刑法、刑事诉讼法关于'死刑由最高人民法院核准'的规定得到真正的实施，符合法治原则的要求，维护法律权威。它从根本上改变了过去在高级人民法院复核死刑案件时，二审程序与复核程序合二而一，使后者名存实亡的局面，确保程序公正。它有利于统一死刑案件的适用标准，严格控制死刑，使死刑人数有所减少。"①

中国社会科学院法学研究所王敏远研究员指出："死刑复核权全部收归最高人民法院统一行使……在这个众所瞩目的重大变革来临之际，对死刑复核权全部收归最高人民法院统一行使后的情景，人们普遍寄予厚望，并相信这将有利于贯彻落实我国传统的慎用死刑、严格控制死刑的政策。"②

死刑复核权全部收归最高人民法院统一行使，除了重大的积极意义之外，学者也提出了尚需商榷的一些问题。

比如，王敏远研究员指出："我国目前的死刑复核程序，从刑事诉讼法和最高人民法院的有关司法解释来看，内容过于简单。刑事诉讼法在死刑复核一章中的规定仅有四个条文，且内容主要是复核权力的配置，而不是关于复核的具体程序。而最高人民法院有关死刑复核的司法解释，则主要限于复核的材料及复核的结果等方面的内容，除了要求高级人民法院在复核死刑时必须提审被告人的规定外，几乎没有关于复核程序的具体规定。鉴于这种情况，可以肯定地说，死刑复核权全部收归最高人民法院统一行使后，所能依据的现有的复核程序规定，远不能满足要求。"③

北京大学陈瑞华教授甚至指出：随着死刑核准权的收回以及死刑复核程序的改革，一系列制度因素发生了变化，但也有一些深层的问题并没有随之发生明显的变化，这就是司法裁判的行政化倾向问题。具体而言，最高人民法院现行的核准死刑程序不过属于多年来一直实行的行政化裁判方式的延续而已。这种裁判方式的典型特征，莫过于通过秘密的、书面的和间接的阅卷工作，对下级法院的事实裁判进行"复审"；即使听取检察官、辩护律师的意见，也不会在公开的法庭上进行，而往往采取一种非正式的单方面接待方式，或者干脆采取审阅其书面意见的方式；即使在核准死刑裁判之前会见被告人，也不会在公开的法庭上进行，而只会采取秘密提审的方式；即使发现死刑案件存在事实认定方面的疑问，也不

---

①②③　陈光中、陈瑞华、胡云腾、王敏远、田文昌、李贵方：《应当慎重公正地适用死刑：任重道远——死刑复核权统一行使后复核程序的完善》，《中国司法》2005 年第 12 期。

会责令控辩双方在调查取证后当庭提交法院，而是由法官进行单方面的"调查取证"，并自行决定证据的取舍……最高人民法院的法官不会允许控辩双方参与"死刑复核的裁判过程"，而是将有关问题和疑点上报最高法院的庭长、主管院长或者审判委员会，以求得到终局的裁判意见。很显然，这是一种司法裁判权的任意扩张，所带来的是当事人诉权的严重萎缩。这些似乎属于中国刑事司法制度中长期保持稳定不变的深层结构，也是任凭各界发出改革死刑复核程序的"喧嚣"而雷打不动的"社会治理方式"。①

二、非法证据排除的改革

近十余年来，第二个具有划时代意义的司法改革应该是非法证据排除。

目前，发现并纠正的冤错案件主要发端于侦查阶段。长期以来，我国的刑事侦查一直处于半秘密状态，直到现在侦查卷都不移交法院，刑事案卷的副卷连辩护人都不能查阅。侦查阶段既无法院监督机制也无检察院监督机制，侦查机关权力过大，且存在滥用的可能。而且，由于公安机关首脑兼任政法委员会首长，是检察长和法院院长的主管领导，使公安侦查机关的政治地位反而高于其潜在的监督主体检察院和法院，造成这两个主体的监督和检查工作存在司法职权配置上的客观困难。在审查起诉阶段，检察机关由于司法职权配置的原因，非但不能像大陆法系国家那样检警一体，由检察机关指挥或指导警察，反而在政治地位上低于公安机关，导致其运用宪法授予的法律监督权时，更倾向于针对和自己政治地位相当的法院，而不是高于自己的公安侦查机关。因此，在审查起诉阶段，在很多案件上，检察机关有时无法阻止存在疑问的刑事案件进入审判程序，除非是明显的冤错案件。而在审判阶段，由于法官最终要对案件承担司法责任，所以他们必须认真审查案件，但是在检察机关和公安机关的潜在压力下，除非案件确实存在重大疑问或者证据实在不足，法官们也很难坚持自己的怀疑。侦查、审查起诉和审判阶段的不合理的司法职权配置，使很多冤错案件最终未被纠正，反而收到一个错误的裁判。由于整个社会对错误裁判的怒火主要指向法院而非检察机关和公安机关，所以法院领导承担着社会舆论的主要压力。一旦冤错案件被发现，法院

---

① 陈瑞华：《中国刑事司法制度的三个传统》，《东方法学》2008 年第 1 期。

审判委员会签字的各级领导和直接办案的审判人员都有可能受到行政处分甚至刑事追究。为了避免这种职业风险，法院系统确实有理由也有动力改变目前的司法现状。不过法院系统基于宪法所规定的司法职权，仅拥有审判职权，并不拥有国外法院所具有的针对侦查机关甚至检察公诉机关的监督惩戒权。因此，法官要想避免职业风险，无法从建立预审法院行使对侦查机关的监督权入手，因为这需要变更司法职权配置，涉及宪法修改，而这是法院系统力所不逮的事项。所以，目前法院系统只有从自己能够行使权力的审判活动入手，发现并纠正存疑案件，保护自己。故而，非法证据排除恰逢其时地出现了。

非法证据排除规则源自英美法，英美普通法系上的非法证据排除规则可分为自白排除规则和非法证据排除规则。自白排除法源于英国史上的"考罗门原则"，指把基于不当诱因的自白或不自由的自白，从证据中排除出去。美国在独立后，继承了"考罗门原则"。不过，从严格意义上来讲，非法证据排除规则实际上是产生于美国。美国确立非法证据排除规则主要的根据是美国宪法前十条修正案，即《权利法案》，其中第四条是该规则确立的最初依据①。1914年，美国联邦最高法院通过审理威克思诉美利坚合众国一案，在刑事司法中确立了非法证据排除规则。不同于英美法系国家，在大陆法系国家，非法证据排除规则在第二次世界大战之后才受到立法者和司法者的重视。不过，经过60余年的发展也已趋于成熟完善。

非法证据排除规则的确立，是一国法制水平达到相当高度的标志。通过宣告侦查人员违法获得的证据材料不具有可采性，非法证据排除规则在实质上剥夺了违法者违法所得的利益，有利于从根本上遏制侦查人员实施违法侦查行为的动机，制止侦查人员的非法取证行为，最终有利于切实保障诉讼参与人的权利。②而且，非法证据排除规则在保障言词证据自愿性的基础上，能够确保司法机关将对案件的定罪量刑建立在对事实的正确认定之上，有助于防止或减少冤假错案的发生。最后，该规则的确立还有助于促进侦查、起诉和审判机关工作人员法治观念的转变，即从对惩罚犯罪的压倒性关注到对惩罚犯罪和保障人权的同等关注，

---

① 该条通常被称为《美国宪法第4修正案》（*The Fourth Amendment*）。
② 陈瑞华：《非法证据排除规则的理论解读》，《证据科学》2010年第5期第18卷。

最终促进公安司法机关牢固树立起严格依法办案的法治观念。

在我国，2010 年最高人民法院、最高人民检察院、公安部、国家安全部、司法部联合颁布司法解释《关于办理刑事案件排除非法证据若干问题的规定（法发〔2010〕20 号）》（以下简称《非法证据排除规定》）首开先河，第一次针对非法证据排除问题进行了体系化、系统化的规定，并将从前刑事诉讼立法中抽象模糊的非法证据排除规则加以具体化，使之具有可操作性。在 1998 年司法解释的基础上，《非法证据排除规定》第一次将非法实物证据纳入到排除范畴，从而大大扩展了该规则在中国的适用范围。2012 年《刑事诉讼法》修正案以立法的形式确认了《非法证据排除规定》所取得的重要进步，在证据部分以六条法条①对非法证据排除问题进行规定。这是我国刑事诉讼法制建设的重要进步，堪称中国法治进步的里程碑，具有划时代的意义。

三、推进以审判为中心的诉讼制度改革

2014 年 10 月，中共十八届四中全会召开，通过《中共中央关于全面推进依法治国若干重大问题的决定》，明确提出了"推进以审判为中心的诉讼制度改革，确保侦查、审查起诉的案件事实、证据经得起法律的检验"。此后，最高人民法院在 2015 年发布的《关于全面深化人民法院改革的意见——人民法院第四个五年改革纲要（2014—2018）》中明确提出"人民法院深化司法改革……突出审判在诉讼制度中的中心地位"，要"建立以审判为中心的诉讼制度"，"建立中国特色社会主义审判权力运行体系，必须尊重司法规律，确保庭审在保护诉权、认定证据、查明事实、公正裁判中发挥决定性作用，实现诉讼证据质证在法庭、案件事实查明在法庭、诉辩意见发表在法庭、裁判理由形成在法庭"。② 最高人民检察院也于 2015 年下发了《关于深化检察改革的意见（2013—2017 年工作规划）》，提出"适应以审判为中心的诉讼制度改革，全面贯彻证据裁判规则。严格规范取证程序，依法收集、固定、保存、审查、运用证据，配合有关部门完善证人、鉴定人出庭制度，举证、质证、认定证据标准，健全落实罪刑法定、疑罪

---

① 2012 年《刑事诉讼法》修正案第 50 条及第 54～58 条之规定，共计 6 条。
② 《关于全面深化人民法院改革的意见——人民法院第四个五年改革纲要（2014—2018）》（法发〔2015〕3 号）。

从无、非法证据排除的法律制度。进一步明确检察环节非法证据排除的范围、程序和标准"。推进以审判为中心的诉讼制度改革，既是我国司法改革的进一步深化，也是刑事诉讼制度的进一步完善，被称为我国司法改革的"牛鼻子"任务。

审判中心主义的内涵在法学界还存在争论，主要分为庭审实质化意义上的审判中心与刑事诉讼构造论意义上的审判中心。前者主要强调庭审在审判中的作用，如陈光中等教授认为，审判中心具有三个方面的内涵：一是最终认定被告人是否有罪这一权力由人民法院行使；二是审判中心要求庭审实质化并起决定性作用；三是审判中心意味着侦查、起诉阶段为审判做准备，其对于事实认定和法律适用的标准应当参照适用审判阶段的标准。① 后者在前者庭审实质化观点的基础上，进一步主张逐步调整刑事诉讼构造和司法职权配置。如王敏远教授认为，所谓"以审判为中心"是指刑事审判在整个刑事诉讼中具有核心的地位，只有经符合正当程序的审判，才能最终确定被告人的刑事责任问题；审前程序应当围绕公正审判的需要，服从公正审判的需要；审判机关不应仅在刑事诉讼进入审判阶段才发挥其主导刑事诉讼的作用，而且应当对审前程序发挥积极作用，以使审判在刑事诉讼中真正具有决定性的作用。② 总体而言，后者是目前学术界的主流观点，审判中心主义意味着整个诉讼制度和活动围绕审判而建构和展开，审判阶段对案件的调查具有实质化的特征。相应地，"侦查是为审判进行准备的活动，起诉是开启审判程序的活动，执行是落实审判结果的活动"。③ 也就是说，侦查、起诉、执行都是为了使审判能够进行或者落实审判结果，都是在围绕审判进行，因此，审判是整个诉讼活动的中心环节和核心活动。

必须指出，实务部门对审判中心主义的理解与学界并不相同。例如，前中央政法委书记孟建柱在谈及以审判为中心的刑事诉讼制度改革时指出：推进这项改革，不是要改变公检法分工负责、互相配合、互相制约的诉讼格局，而是要按照犯罪事实清楚、证据确实充分的要求，建立科学规范的证据规则体系，促使侦查、起诉阶段的办案标准符合法定定案标准，确保侦查、起诉、审判的案件事实、证据经得起法律检验。要正确理解和贯彻罪刑法定、疑罪从无、非法证据排

① 陈光中、步洋洋：《审判中心与相关诉讼制度改革初探》，《政法论坛》2015 年第 2 期。
② 王敏远：《以审判为中心的诉讼制度改革问题初步研究》，《法律适用》2015 年第 6 期。
③ 张建伟：《审判中心主义的实质内涵与实现途径》，《中外法学》2015 年第 4 期。

除等原则制度，确保无罪的人不受刑事追究、有罪的人受到公正惩罚。处理好庭审实质化和庭审方式改革的关系，既确保庭审在查明事实、认定证据、保护诉权、公正裁判中发挥关键性作用，又不搞庭审烦琐主义，让有限司法资源和宝贵的庭审时间用于解决最重要的问题，提高庭审质量效率。① 又如，最高人民法院在探讨审判中心主义的话题时也将审判中心主义的含义限缩于"以庭审为中心"的内涵，仅仅针对庭审空洞化的现实，提出将庭审活动实质化，让事实的调查、证据的采择、法律的争议都通过庭审过程来完成，充分发挥庭审的功能。就实务部门而言，审判中心主义的改革目的是"防止冤假错案"，其内涵可等同于"庭审实质化"及"防止审判流于形式"。其初衷只是在诉讼阶段论的框架下增强庭审的实质性，并没有要改变我国刑事诉讼构造的意图。

笔者认为，学界"庭审实质化意义上的审判中心"的理解，或者实务部门"防止冤假错案"与"防止审判流于形式"的理解，可以视为对审判中心主义的狭义理解。而学界"刑事诉讼构造论意义上的审判中心"的理解，则可以视为对审判中心主义的广义理解。

对审判中心主义的狭义理解聚焦于"庭审实质化"和"防止冤假错案"，致力于从侦查中心向审判中心的转变。对审判中心主义的广义理解则既认同"庭审实质化"和"防止冤假错案"，又主张调整司法职权配置和刑事诉讼构造。广义理解的观点可以概括为四点内涵：第一，强调审判权威，构建诉讼三角结构；第二，审判应当延伸到侦查、审查起诉阶段，构建审前司法审查制度和预审法官制度；第三，审判应以庭审为中心，以一审为中心；第四，庭审要实质化。② 这种对审判中心主义的解读，并不局限于从侦查中心向审判中心的转变，还涉及赋予审判机关对侦查机关和检察机关的监督权，推动司法裁判权向审前阶段延伸。正如最高人民法院院长周强撰文指出的："刑事诉讼中审判程序难以发挥对其他诉讼程序的制约作用，严重影响刑事司法尺度的统一和刑事司法公正，必须深化刑

---

① 孟建柱：《坚定不移推动司法责任制改革全面开展》，孟建柱在全国司法体制改革推进会上的讲话，参见 http://www.mps.gov.cn/n2553534/n2253535/n2253536/c5526874/content.html，最后访问日期：2016 年 11 月 2 日。

② 王敏远：《以审判为中心的诉讼制度改革问题初步研究》，《法律适用》2015 年第 6 期。

事司法改革，推进建立以审判为中心的诉讼制度。"①

我们可以依照对审判中心主义的狭义理解，把推动我国刑事诉讼从侦查中心主义向审判中心主义（庭审实质化或庭审中心主义）过渡视为实现审判中心主义的第一路径。依照对审判中心主义的广义理解，把赋予审判机关对侦查机关和检察机关的监督权，推动司法裁判权向审前阶段延伸，视为实现审判中心主义的第二路径。推动我国刑事诉讼从侦查中心主义向审判中心主义过渡，显然是本次司法改革的主要任务，将其视为实现审判中心主义的第一路径实至名归。赋予审判机关对侦查机关和检察机关的监督权，推动司法裁判权向审前阶段延伸，调整司法职权配置和刑事诉讼构造，相对而言，目前都只是第二位的任务，因此将其视为实现审判中心主义的第二路径也恰如其分。

（一）狭义的审判中心主义和广义的审判中心主义

审判中心主义的第一路径，实际上就是推动我国刑事诉讼从侦查中心主义向审判中心主义（庭审实质化或庭审中心主义）过渡。笔者拟将其与侦查中心主义和庭审中心主义进行比较，来阐释其含义和特点。

1. 侦查中心主义与庭审中心主义（狭义的审判中心主义）

很多学者认为我国现在的刑事诉讼程序设置是阶段论，主要分为侦查、审查起诉、审判，由公安、检察院和法院执掌，分工负责，相互配合。从长期的司法运作情况来看，案件实际上在侦查阶段就已经决定了，随后的审查起诉与审判只是对侦查结论的确认与维护，起诉率、定罪率非常之高，审判程序实质上被架空，形成侦查中心主义。② 所谓"庭审虚化"，是指案件事实和被告人刑事责任不是通过庭审方式认定，甚至不在审判阶段决定，庭审只是一种形式。③ 而审判中心主义（庭审实质化或庭审中心主义）意味着整个刑事诉讼的制度和活动都是围绕着审判而建立和开展的。一方面，刑事诉讼程序的重心由侦查转向审判，回归审判对案件应有的最终裁决权。侦查活动对审判活动不能起到决定性作用，只能为审判做好准备、打下基础。另一方面，扭转当前侦查权过大而审判权弱化的局面，加强审判权对侦查权的合理制约，最重要的是发挥非法证据排除制度的

---

① 周强：《推进严格司法》，《人民日报》2014 年 11 月 14 日。
② 卞建林：《论刑事第一审程序的完善》，《人民法院报》2011 年 9 月 14 日。
③ 汪海燕：《论刑事庭审实质化》，《中国社会科学》2015 年第 2 期，第 103－122 页。

功能，尤其是通过排除非法言词证据来制裁侦查人员的非法取证行为，从源头上遏制冤假错案的发生。①

2. 庭审中心主义（狭义的审判中心主义）与广义的审判中心主义

我国刑事诉讼存在司法的行政化色彩突出、诉讼的职权主义特征明显等问题，在实践中导致了"先定后审""庭审走过场"等问题，庭审应有的功能未能得到有效发挥。为解决这一问题，最高人民法院提出"庭审中心"的司法改革路径，努力让庭审成为审判的中心。

审判中心要求庭审实质化并起决定性作用，庭审中心是进一步落实审判中心的重要环节，审判中心的实现在很大程度上有赖于庭审中心的实现。

广义的审判中心主义与庭审中心主义是既有区别又有密切联系的两个概念。广义的审判中心主义主要是解决审判活动与侦查、起诉、执行活动的外部关系，即审判居于中心地位，而侦查、起诉、执行都服务、服从于审判。而庭审中心主义是指"审判案件以庭审为中心，事实证据调查在法庭，定罪量刑辩论在法庭，裁判结果形成于法庭，全面落实直接言词原则、严格执行非法证据排除制度"。②两者的密切联系体现在：审判中心是庭审中心的前提和保障。因为只有确立了审判的决定作用和核心地位，才能使侦查、起诉等活动服从于庭审活动。庭审中心是审判中心的逻辑推演和主要实现路径。因为，"对于事实认定，审判中心相对于侦查中心的优越性，主要是通过庭审体现的，因此，确认审判中心，必然要在逻辑上推演出庭审中心"③。也就是说，如果没有以庭审中心主义为基础的审判活动，审判中心主义的诉讼地位不可能确立，审判的正当性和权威性也无以产生和存在。④"以审判为中心必然要求以庭审为中心，刑事审判活动亲历性的特性要求法官直接接触和审查证据，直接听取控辩双方的意见，再行做出判断，法官的心证也要凭借庭审活动形成才具有正当性，庭审是保证亲历性和合理心证的最佳空间。"⑤

① 叶青：《以审判为中心的诉讼制度改革之若干思考》，《法学》2015年第7期。

② 蒋惠岭：《重提"庭审中心主义"》，《法制资讯》2014年第6期。

③ 龙宗智：《论建立以一审庭审为中心的事实认定机制》，《中国法学》2010年第2期。

④ 《重庆市綦江区人民法院徐贤飞审判中心主义如何实现?》，中国法院网，http：//www. china-court. org/article/detail/2015/01/id/1528101. shtml，最后访问日期：2015年6月18日。

⑤ 徐玉、李召亮：《庭审中心主义刍论》，《山东审判》2014年第2期。

（二）实现广义审判中心主义的第二路径

在我国现行刑事司法职权配置中，法院的司法裁判权仅限于审判阶段，不能在审前阶段行使，其他国家的法院除去审判权之外，其司法职权往往还包括以下几种：①在审前阶段，对侦查机关的逮捕和搜查请求进行事前司法审查。②对辩方提出的侦检机关[1]的程序性违法行为[2]进行事后司法审查。③对未决羁押的决定、延长和解除等事项进行司法审查。这三项司法审查职权都涉及审判机关对侦查机关和检察机关的监督，这种司法审查的对象不是与定罪量刑有关的实体法事项，而是与程序性违法或逮捕、搜查有关的程序法事项[3]。审判机关对这些事项的司法审查，其性质是对程序法事项的司法审查，而这种职权也可以视为与程序法事项紧密相关的职权。

程序法事项的司法审查显然是调整刑事诉讼构造和司法职权配置的主要着力点。笔者认为，实现审判中心主义的第二路径，应当是赋予审判机关对侦查机关和检察机关的监督权，推进针对程序法事项的司法审查，也就是推动司法裁判权向程序法事项领域和审前阶段这两个方向扩张和延伸。而这种针对程序法事项的司法审查，主要涉及程序法事项的裁判和证明。

在后文中，笔者会着重阐述实现广义审判中心主义的第二路径。

---

① 刑事诉讼中的国家公权力包括侦查权、检察权和审判权，一般认为其中的侦查权和检察权都属于具有一定行政性质的公权力，在本书中笔者将其合称为侦检权。相应地，本书将侦查机关和检察机关合称为侦检机关，将侦查行为和检察行为合称为侦检行为。

② 程序性违法，主要是侦查人员、检察人员、审判人员，在诉讼活动中，违反了刑事诉讼法规定的法律程序，侵犯了公民的诉讼权利，情节严重的违法性行为。参见陈瑞华：《刑事诉讼的前沿问题》，中国人民大学出版社 2013 年版，第 195－243 页。

③ 程序法事项，也可称为程序法事实、程序性事项或程序性事实，是指涉及当事人诉讼权利义务、在诉讼程序上具有法律意义的事实。在本书中，"程序法事实"和"程序法事项"是两个通用的概念，"程序法事实"对应于"实体法事实"的概念而提出，是更加严谨的概念，而"程序法事项"则是更易于阐释和理解的概念，本书视语境交替使用这两个概念。与程序法事实裁判和程序法事实证明相关的事实或事项，只能是比较重要的程序法事实或事项。

第二节　近期的员额制司法改革

古今中外力图解决错案问题的历次司法改革，其着力点不外乎两点：一是制度，二是人。设计良好的制度是避免错案发生的主要方法，但并不是唯一方法。再好的制度也需要由人来执行，因此，提高司法人员主体素质，一直都是避免错案发生的另一个必要手段。员额制司法改革的目的似乎不外乎八个字："高薪养廉，权责统一"。"高薪养廉"说的是提高法官的待遇，让法官正常工作所获得的薪酬足以使其和家人过上比较优越的生活。这样，法官就不至于贪赃枉法，因为收黑钱而出入人罪。在提高法官待遇的同时，还要增加法官的责任。法官审理案件要终身负责，不是审完了就从此与自己无关。如果审错了案件，哪怕退休，也依然要追究责任。一手硬，一手软。既在整体上提升了法官的待遇，又将每一个法官同其审理的案件紧密关联，这也就是所谓的有权必有责。围绕这两点，再进行配套制度设计：通过设立法官工作小组，设置法官助理提升法官办案效率；同时，加强上级法院对下级法院的领导，以此排除同级地方行政机关对法院工作的干扰。提高法官待遇就是司法人员职业保障改革，要求法官对所办案件负责就是司法责任制改革，设立法官工作小组就是司法人员分类管理改革，而加强上级法院对下级法院的领导就是人财物省级统一管理改革。最高人民法院希望通过员额制改革从人的方面提高司法主体素质，加大司法主体责任，保障司法主体效率，增强司法主体领导。我们认为这样的司法改革目的是合理的，也是符合中国国情的。最高人民检察院推行的员额制司法改革和最高人民法院推行的员额制司法改革基本相同，可以视为最高人民检察院对最高人民法院工作的配合。本章对员额制司法改革的分析以法院和法官为切入点，相关论述也适用于检察院和检察官的员额制改革。

一、员额制司法改革概述

2014 年十八届四中全会后我国开始了近年来的第四轮司法改革，这一轮司法改革也是肇始于法院系统，主要由四项改革措施组成：司法责任制、司法人员分类管理、司法人员职业保障和人财物省级统管。为了便于表述，笔者就以最为公众所熟知的员额制改革（司法人员分类管理改革）代称这次司法改革。

国内目前对各地司法改革的研究已经取得了初步的成果，对"半公开性"的试点方案已经进行了较为全面的解读，对改革方案进行了理论上的阐释，为试点改革提供了理论上的支撑。同时也有学者对各地司法改革前期的实践情况进行了研究，总结了当前的实践经验，归纳了改革过程中出现的难点，并为改革的继续深入提出了建议。对员额制司法改革研究的成果不少，不过往往立足于各省司法改革方案和司法机关官宣文稿，这种立足文本的研究虽然权威，但是恐怕也会有以下不足：

其一，研究进路比较单一。首先，这种研究对各地市司法改革试点方案的文本进行解读，注重将方案的具体内容理论化，为其提供正当化的依据，但是缺乏整体性阐释，未能研究试点方案各具体项目之间的关系。虽然很好地阐释了司法改革方案和纸面上所表达透露出的改革意向，但是仅注重制度本身，未能充分结合制度背后稳定的制约因素来阐释制度改革的意义。其次，缺乏实证研究。这种研究，集中在对方案的文本解读，而对两年以来各地司法改革实践层面的研究较为匮乏。对各地司法改革的"实然"研究，仍需进一步加强。

其二，研究的视角比较狭窄。无论是对方案的解读，还是对各地司法改革实证层面的经验总结，这种研究都采取了官方视角。对司法改革方案的解读，受解释对象的限制，采取官方视角可能是一种必要的选择。但是实证层面的研究，不应也局限于官方视角，估计应该是受制于数据源的获取渠道。目前，"实然"数据都来自官方所提供的文本，尤其是法院部门所提供的材料。官方数据具有权威性，但是容易遗忘被忽视的群体和问题。同时，实证研究也缺乏基层司法组织的改革情况。

其三，实证研究的数据来源比较模糊。在总结各地司法改革的实际情况时，数据来源较为模糊，例如在描述司法改革的完成情况时，以中级人民法院的文件为数据依据，但是中级人民法院的文件是对司法改革的部署意见，显然部署意见不等于实际完成情况的统计。所以，在其后的实证研究中，数据的来源、统计应当更注意严谨性。

其四，中、微观层面的实证研究不足。目前的研究主要采用了宏大的整体视角，就整个司法改革的方案予以评价或者就整个司法改革情况予以总结，在具体的改革措施方面，主要采取了描述性的方式予以概括说明，针对单个措施的专门、深入研究不足。

以上就是文本研究的不足，那么，以员额制为代表的四项司法改革到底进展到什么程度？是否取得了显著成效？还存在哪些问题？是否还有深化的空间呢？这一系列的问题都需要我们进一步分析阐释。在本节，笔者准备以此为基础对以员额制为代表的本次司法改革进行深入探讨和进一步分析。

二、司法责任制改革和司法人员职业保障改革评述

笔者认为，在四项司法改革中，司法责任制应该是真正关乎司法进步和司法文明的制度改革。

近几年我国出现的一系列冤假错案，都涉及追究司法工作人员责任的问题，这是一个无法回避的问题。在这次司法改革中，审判机关也不得不对这一问题明确表态，以回应公众和社会的广泛关注。司法裁判涉及人的财产、荣誉、自由甚至健康和生命，绝非一般行政机关的行政行为所能比拟。如果不和司法责任相关联，就可能以不负责任的态度处置他人的财产、荣誉、自由、健康和生命，而这是古今中外任何国家和社会都不能容忍的。能够明确确认司法责任制，应该视为一种巨大的司法进步。司法审判人员享有高于一般公务人员的收入和尊荣，自然也要承担相应的高风险和高责任。这也是我们所说的有权就有责，责权相适应。也许有人认为，设定司法责任制是对司法工作人员的苛求，特别是在法院审判一线工作的朋友可能有这样的异议。笔者认为，明确司法责任制是大势所趋势在必行。司法责任制改革在我国生逢其时，因此这一改革受到了社会公众的普遍关注和欢迎，特别是学界对最高人民法院这种勇于承担的责任感和使命感给予了高度评价，舆论好评如潮。司法责任制是法院对法官的严格要求，实际上也是树立司法权威的一种有益尝试。司法责任制实施之后，法官对自己办理案件的司法责任有了明确规定，"有法可依"，促使法官更加认真地审理案件。在刑事案件的司法责任制方面，法官的责任尤其之大，因此也促使法官更严格地审查裁判刑事案件，由此避免冤错案件的发生。

司法人员职业保障改革立足于提高司法工作人员生活质量和薪资待遇，奉行的是高薪养廉思路。法官不是圣人，和每个人都一样，是活生生的普通人，也有为自己和家人获得更优越生活的需求。高薪是否能够养廉不得而知，也未见到相关的实证研究数据，但是高薪起码可以使很大一部分法官不必为相对优越的生活而奔波，也就从物质方面保障了法官不必承担风险收受贿赂枉法裁判。由于法官负责案件的处理，实际上承担着大量社会资源的分配责任。一方面，自己处理着上百万上千万的案件；另一方面，自己的薪金收入却无法和在企业工作的同龄人相比，任何正常人都会产生心理落差。哪怕是从尊重知识的角度，法官作为专业人才，受过长期司法训练，拥有丰富的司法经验，显然应当受到和其他拥有专业知识的技术人员相同的尊重并享有相同的待遇。因此，即便是从这个角度上讲，也应当提高法官的薪酬待遇，增加各种物质保障。

本次司法人员职业保障改革，进入员额的法官的待遇明显提高，薪金向一线办案法官大幅度倾斜，这就形成了法院内部良好的工作机制。从前法院各部门工作人员薪金待遇相同，由于办案辛苦责任又大，所以很多人不愿意在一线办案。实行员额制之后，入额法官待遇和收入明显超过未入额法官，因此法院工作人员无论是从荣誉上还是物质上都愿意进入员额到一线审理案件，法院内部形成了朝气蓬勃积极向上的新局面。

司法人员职业保障不仅在于薪酬和物质，也在于安全方面，即安全保障。近些年发生的一系列伤害法官的案件，为我们敲响了警钟。法官身处裁判者的位置，直接处理社会矛盾，其人身安全必须得到保障。如果不能有效地保障法官的安全，那么将使法官不敢处理社会矛盾或不愿处理社会矛盾，司法权威也将荡然无存。因此，法官安全保障也是法官职业保障的应有之义。这方面全国法院都有所加强，比如法院入口普遍增加了安检仪，法警也受到了进一步的训练。这些措施，都为保障法官的职业安全提供了良好的帮助。

三、司法人员分类管理改革评述

司法人员分类管理的主要改革内容是最为公众所熟知的员额制，鉴于检察机关的员额制和审判机关的员额制大致相同，笔者在此就暂以法院为例分析员额制改革。

司法人员分类管理或员额制的大致思路是比照国外"法官＋法官助理"的模式，将我国法院工作人员分为三类：负责审判的法官、辅助审判的法官助理以及行政工作人员。按照员额制的要求，只有1/3的法院工作人员可以进入法官员额，进入员额成为从事审判工作的法官被称为"入额"。入额后的司法人员在行政级别和收入上都优于未入额司法人员，改革者希望借此吸引优秀司法人员向审判业务岗位集中。

　　员额制的初衷非常好，希望借司法人员分类管理提高审判效率，将最好的司法资源集中于审判业务岗位。在轰轰烈烈的员额制改革中，各地法院齐上阵，各级法院齐动手，无不严格执行最高人民法院改革部署，大力推进司法人员分类管理改革。作为试点地区的上海法院系统严把进人关，严格将员额制比例控制在31%，其他地区的法院也逐步推进，都努力将员额比例控制在1/3以下，五年来员额制改革在全国法院基本完成。那么，员额制改革"提高审判效率解决案多人少"的初衷是否实现了呢？

　　根据各方面的情况反映及实际调研，目前人少案多的情况依然严峻，有些地区的法院由于案件太多而入额法官不足，所以未入额的法官助理也一样要办案。员额制是否提高了办案效率也颇有争议，唯一没有争议的是通过员额制确实提高了审判岗位司法人员的工资待遇，由此提高了审判人员的积极性，确立了审判人员在法院内部的优先地位。那么，我国员额制改革在实施过程中遇到了哪些实际困难呢？

　　编制，既是颇有中国特色的事物，也是员额制改革难以逾越的障碍。员额制的初衷是仿照国外审判结构，即一名法官和几名法官助理组成一个审判组。法官需要有几名法官助理协助其审理案件，就意味着法官助理的数量应是法官的数倍，也就意味着法院要拿出大量的编制去录用法官助理。如果这些法官助理都是公务员身份就意味着法院的编制必然激增。如此众多的编制，各级法院的同级编制办是绝不可能批准的。同时，我国的法院又缺乏国外法院的灵活性，不能随便雇用法院工作人员或者法官助理，所以员额制的审判法官虽然就位，但数量众多的法官助理却往往解决不了。这样一来，一名法官数名法官助理这种组合的优势无法发挥，审判效率自然也就没有太大的提高。一方面，审判效率并未提高或并未大幅提高；另一方面，直接从事审判工作的法官数量又减少了，这就出现了法官助理也要独立办案才能处理全部案件的情况。不仅如此，目前一些法院以调代裁的情况非常常见，赞同者认为调解建立在双方和解的基础上，极大地提高了审判效率，减轻了审判法官的办案压力，同时由于调解是在双方当事人意思自治的情况下达成，充分尊重了当事人的诉权，还解决了当事人不服裁定和判决的问题（因为调解书签收后不允许上诉）；反对者则认为，所谓的建立在当事人双方自愿基础上的调解，实际上仍然具有法官的强制力，双方当事人或者至少一方当事人是在法官的压力下接受调解的。他们认为这种调解，潜在的好处在于使法官避免作出判决或裁定，这样法官不用连篇累牍地书写裁判，更重要的是由于不用作出裁判而逃避了司法责任，不用对案件负责。既不用担心当事人上诉，也不会担心日后出现错误判决和裁定被追究司法责任。以调解结案的方式化解矛盾提高审判效率节约司法资源是非常好的尝试，但不能被个别人钻空子为了推卸司法责任而滥用。否则，这种行为往小了说是耍小聪明不负责任，往大了说就是玩忽职守甚至渎职。很显然，员额制的初衷绝不是纵容法官的玩忽职守或渎职行为，但是沉重的案件压力和严格的司法责任在实践中却真的可能带来意想不到的副产品。好的目的和措施有时并不一定能够收获好的结果，历史上的王安石变法已经深刻地证明了这个道理，这也同样是员额制改革应当注意的一个问题。

综上所述，员额制改革由于法官助理数量不足，没有达到预期的改革效果。而法官助理数量的不足似乎是机械的编制问题造成的，员额制改革推进不畅可能带来的消极副产品是以调解代替必要的审判，应当引起重视。

四、人财物的省级统管改革评述

人财物的省级统管改革可能是最难推进的一项改革。人财物的省级统管改革的初衷是排除地方行政机关的干扰，保证各级法院的独立审判，这样的想法虽好，但是想要完全隔绝同级行政机关的影响恐怕很难。笔者在调研过程中有过交流的法院系统领导很多都私下承认，人财物的省级统管是最难推进的，这是怎么回事呢？

（一）"人"的方面

其一，依照目前公务员体制，各级法院工作人员的编制均由同级编制部门决定，法院增加一个编制都要经过同级编制部门批准。不仅如此，由于法院和检察院的特殊宪法地位，每一名助理审判员以上的法官（正式审判人员）的任免都要由同级人民代表大会做出，首先从宪法和法官组织法上就不可能脱离同级立法机关。

其二，地方各级人大作为地方立法机关受地方党委的组织领导。各级法院院长、副院长的领导职务由同级党委决定，向同级人大提出。而同级人民政府的首脑必然兼任同级党委副书记，其政治地位位列同级党委第二。在地方党委向同级人大推荐院长、副院长甚至业务庭长和普通审判员人选时，作为党委副书记的同级人民政府首脑（县长、区长、市长）有权力发表意见。这种意见对法院领导的影响不容小觑。不仅在审判机关各级领导人选的决定上如此，在地方各机关相互关系上也是如此。不仅各级党委领导同级法院，而且法院还要接受同级党委下设的政法委员会的直接领导。由于政法委书记一职往往由同级人民政府的公安厅（局）长兼任，这样一来，各级法院院长在党内不仅要受同级人民政府首脑以党委副书记身份的领导，而且还可能要受同级人民政府下属职能部门公安机关负责人以政法委书记身份的直接领导。虽然从宪法规定的地位和级别上，法院院长仅次于同级人民政府的首脑，但实际上其政治地位连同级人民政府下属的公安机关负责人都无法相比，遑论同级行政机关首脑了。依照我国宪法规定，我国的执政党对立法、司法和行政机关实施组织领导，故而同级党委和党委下属的政法委员会对各级法院的领导符合宪法规定，各级法院也必须服从。由于同级人民政府首脑兼任同级党委副书记，而同级人民政府的公安局长往往兼任同级党委下属的政法委书记，就使地方行政机关对法院的影响力可以通过另一种形式存在。在同级人民政府首脑兼任同级党委的党委书记时，行政机关对法院的影响则可能更大。因此，设想各级法院通过"人"的省级统管完全摆脱地方行政机关的影响似乎是不大可能实现的。不过，近年来中国进行了卓有成效的反腐，行政机关领导直接或间接干涉司法机关办案的情况已经非常少见，伴随着各级行政官员廉洁程度的不断提高，自觉回避有关司法案件的良好风气会逐步形成惯例。

其三，在前文分析司法人员分类管理改革时，笔者强调大幅增加法官助理数量，即为审判法官配备充足合理的法官助理是这一改革成功的关键。但由于各地法院的编制有限，为预防公务员队伍的不合理膨胀，各级人事厅（局）编制部门必然对法院工作人员的人数加以控制，法官助理的编制肯定不是法院一家能够决定的。所以，在法官助理的编制层面，法院也很难摆脱地方行政机关的羁绊。

其四，相对可行的"人"的省级统管可能更多的是指省级法院对中级人民法院和基层法院的人员内部管理。加强对中级人民法院和基层法院的人员内部管理提高了省级法院的权威，相应地也加强了省高级人民法院和最高人民法院对各级法院的"领导"。在我国，上级法院对下级法院在司法行政工作上的领导是客观存在的，"人"的省级统管客观上也加强了这种领导。但是，我国宪法规定"法院独立行使审判权"，这就意味着上级法院对下级法院的审判活动只能指导不能领导。所以，这种省级法院对中级人民法院和基层法院的人员内部管理在法理上似乎说不太通，容易引发争议。这可能也是这项改革不再被经常提起的原因。

（二）"财"的方面

依照目前公务员体制，各级法院的经费由同级财政拨付，法院工作人员的工资也由同级财政拨付。财政部门是同级人民政府（行政机关）的一个职能部门，各地方财政厅（局）都是待遇极好权力极大的行政职能机关。笔者曾有幸在省高级人民法院工作，因此对各省级职能机关的权威有一定的了解。当时反贪部门和反渎职侵权部门还未从检察院转隶到监察委员会，因此那时的检察机关是非常有权威的机关。从理论上说，检察机关有权对各行政职能机关的国家工作人员实施法律监督，甚至在必要时进行刑事侦查。就是这么有权威的检察机关，到财政部门去办事，也要恭恭敬敬客客气气，据说有时可以被晾在那里几个小时。如此强势的财政部门，连有权对其工作人员实施法律监督甚至刑事侦查的检察机关都敢怠慢，没有太多权力制约财政部门的法院又怎么可能给财政机关添太多麻烦呢？"财"的省级统管要求地（市）县两级财政将拨付给中级人民法院和基层法院两级法院的财政经费和司法工作人员工资奖金统一交由省级财政厅（局）拨付省高级人民法院。对此，某省财政厅的同志表示：这极大地增加了他们的工作量和工作强度，随着"财"的省级统管，原来一个处几名同志就可以完成的工作，现在要由十几名工作人员完成，仅仅针对省高级法院一个单位就投入这么多人力，那省财政厅的其他工作还做不做？最高人民法院的职权可以指导下级法院的工作，却不能指导财政部门的工作，所以财政部门提出的现实困难也就使得"财"的省级统管由此在各地止步不前。

（三）"物"的方面

"物"的省级统管内容应当包括物资在省内各级法院之间的统一调配。这项改革似乎实现的难度最小。这是因为，物资的购买和分配的自由程度远远优于

"财"和"人"。各级财政将财政经费拨付各级法院后，购买物资的决定权即由法院自己行使，不再受各级地方行政机关的干涉。虽然存在统一的政府采购，但对法院采购物资的权力干涉和影响不大。省级法院制定全省各级法院的物资采购、调配和使用计划，可以统筹兼顾，更加高效节约。在"物"的省级统管上需要协调的主要是上下级法院之间的关系：省级统管实际上是干预了地市县区法院对"物资"的采购、支配和使用权，下级法院可能会有意见，实际上可以视为省高级人民法院集中权力的举措。但是，由于上级法院对下级法院名义上的指导关系和实际上的领导关系，下级法院仍然会接受和服从。所以"物"的省级统管相较于"财"和"人"的省级统管更容易实现。

综上所述，基于法院系统内部调配的改革能够进行，省级法院的权力得到加强，最高人民法院的权力也相应得以加强。而基于法院和其他职能机关的外部关系协调的改革则很难推进，目前陷入停滞。因此，人财物省级统管的改革在大部分地区推进不畅，在很短的时间内便被搁浅。

第三节　刑事诉讼法修改中的白玉微瑕

任何的司法改革都需要以法律规范的形式在法典中加以确立，而刑事司法改革的规范化显然主要应确立于刑事诉讼法中。为了对应不断开展的刑事司法改革，我国的刑事诉讼法近年来也在不断地修改。1949 年中华人民共和国成立，1979 年颁布《刑事诉讼法》，并于 1996 年、2012 年和 2018 年分别进行了三次修改。

就 1996 年的《刑事诉讼法》修改，陈光中教授指出："现在在我看来，主要有四大亮点：一是确认未经人民法院依法判决不得确定有罪；二是疑罪从无原则；三是辩护制度的进步，即律师介入诉讼提前到侦查阶段；四是审判方式的改革。这四点均对犯罪嫌疑人、被告人的人权保障有重大价值。"[1] 除此之外，收

---

① 背景资料：《1996 年刑诉法首次大修（1）》，光明网、搜狐网，http：//roll. sohu. com/20120308/n337065810. shtml，最后访问日期：2019 年 11 月 24 日。

容审查制度、免予起诉制度也都在这一次修改中被废除。

2012 年《刑事诉讼法》修改确立了非法证据排除，刑事证据条款增加 1 倍达到 16 条，这次修法还建立了未成年人附条件不起诉制度和强制医疗制度，健全了证人保护制度，规定审查逮捕时检察机关可讯问犯罪嫌疑人，技侦手段可以用于查办贪腐案件等①。

《刑事诉讼法》于 2018 年进行了第三次修改，这是继 1996 年和 2012 年之后的第三次修改。2018 年 10 月 26 日，第十三届全国人大常委会第六次会议表决通过了关于修改刑事诉讼法的决定，修改后的法律自公布之日起施行。本次《刑事诉讼法》修改以全面依法治国为时代背景，旨在解决当前刑事司法活动中较为紧迫的现实问题，体现了司法改革工作试点和立法完善的有机衔接，同时也是促进刑事司法法律规范相衔接的积极尝试。本次《刑事诉讼法》的修改指向明确、内容特定、范围有限。根据中央相关决策相应调整刑事诉讼法内容，使之与国家司法体制改革相对应。理顺监察和刑事诉讼工作的衔接机制，设立缺席审判制度加强海外追逃工作，总结认罪认罚从宽制度、速裁程序试点工作经验，将行之有效的做法进一步上升为法律规范。

《刑事诉讼法》的几次修改是中国司法文明不断进步的表现，2018 年的修改更是获得了广泛的好评，不过美玉微瑕也略有发现。因篇幅有限，本书只选一个与错案的产生可能相关的问题进行分析。

经过对《刑事诉讼法》2018 年修正案的研究，笔者认为刑事速裁程序中存在的不相关案件被告人同时受审问题，容易引发冤假错案，在复杂的国际人权斗争中，也容易授人以柄，现分析如下：

一、现实情况

近年来推进的刑事速裁程序是本次司法改革的重要内容，其试点经验已经以法律的形式固定在刑事诉讼法修正案中。

刑事速裁程序和另一个试点程序"被告人认罪认罚"程序一样，都是通过

---

① 《2012 年刑事诉讼法新增的亮点》，找法网，http：//china. findlaw. cn/bianhu/xingshifagui/xingshi-susongfa/1028228. html，最后访问日期：2019 年 11 月 24 日。

简化一审普通程序来提高刑事审判效率，同时以实体处罚的从轻和减轻来补偿被告人因程序简化而造成的程序权利的减损。但是必须指出，这种程序权利的减损不应当损害世界刑事司法领域公认的正当程序原则和公正审判原则，不应当危及被告人（犯罪嫌疑人）的基本诉讼权利和人权，更不应当引发刑事错案。

近年来，在刑事速裁程序的试点中，出现了一个让人忧虑的问题，就是不相关案件的十几名甚至几十名被告人同时出庭受审。

从互联网上我们可以很容易地找到相关案例：

（1）"（青岛）市北法院 40 分钟速裁 10 起刑案"，http：//m. sohu. com/a/17849790_ 117825（最后访问日期：2019 年 11 月 25 日）

（2）"（青岛）平度法院审理 10 起醉驾案速裁程序仅用 50 分钟"，http：//m. bandao. cn/touch/news/detail/2623460（最后访问日期：2019 年 11 月 25 日）

（3）"（云南）楚雄法院首次适用刑事速裁程序集中审结 6 案"，http：//news. sina. com. cn/sf/publicity/fy/2018－06－25/doc－iheirxyf 5531269. shtml（最后访问日期：2019 年 11 月 25 日）

（4）"（北京）法院首次适用刑事速裁程序法官 25 分钟审结 4 起盗窃案"，http：//news. ifeng. com/a/20141223/42772854_ 0. shtml（最后访问日期：2019 年 11 月 25 日）

上述案件的审理有一个共同点，即把几名、十几名甚至几十名不相关案件的被告人同时带入法庭，让被告人同时站在法官面前，统一宣读法庭纪律和被告人权利，统一介绍合议庭组成人员，统一询问回避要求，统一询问是否同意适用刑事速裁程序，统一询问是否认罪认罚。

很显然，这些上网的案例都是从正面角度进行宣传的，这些法院的宣传部门显然认为上述案例是工作中的成绩而非工作中的问题，更不会想到这样的网络宣传如果被别有用心的外媒引用，传播到其他国家，会给我国在人权领域造成多大的压力。

二、产生原因

在刑事速裁程序中，十几名或几十名被告人同时出庭受审，缘于对司法效率的追求。这些法院的司法工作人员所理解的刑事速裁程序最重要的价值就是

"快"和"多"。今天用刑事速裁程序审完一个案件用一个小时，明天审完一个案件就用半个小时，速度更快。今天用刑事速裁程序一天能审完8个案子，明天一天能审完10个案子，数量更多。

在严格适用实体法和程序法的前提下，在保证司法公正的基础上尽量追求司法效率是一件很正面、很积极的事，值得肯定。但是过分追求效率，无原则地攀比审判效率，不惜违反国际和国内公认的刑事司法习惯来刻意追求司法效率，甚至不惜损害正当程序和公正审判原则盲目攀比司法效率，就必须高度警惕了。

上文提到的不相关案件的被告人同时出庭受审的主要目的是为了最大限度节约时间，追求单个案件审判时间的缩短和单位时间内审结案件的数量。被告一名接一名接受审判本来就会浪费很多时间，对每一名被告宣读法庭纪律，介绍合议庭组成人员，询问回避要求、是否适用刑事速裁程序以及是否认罪，又会浪费很多时间。于是为了节省时间、提高效率，一些法院把几名、十几名甚至几十名不相关案件的被告人同时带入法庭，让被告人同时站在法官面前，统一宣读法庭纪律和被告人权利，统一介绍合议庭组成人员，统一询问回避要求，统一询问是否同意适用刑事速裁程序，统一询问是否认罪认罚。这样可以大大减少"无用"时间，大大提高审判效率，也就可以在这场司法效率的"大比武"中脱颖而出了。

三、域外比较

那么，不相关案件的被告人同时出庭受审是不是一个问题呢？我们来看看国外简易程序的审判情况。无论大陆法系国家还是英美法系国家，没有任何一个国家的刑事审判是非同案的若干名被告人同时出庭受审的。如果存在若干被告人同时受审的情况，那也是同一个案件涉及的被告人或相牵连案件涉及的被告人，绝不会是没有任何关联的非同案被告人同时出庭受审。国外的刑事简易程序虽然各有特点，但审理顺序都遵循国际公认的刑事司法习惯，即都是在法官审理完一个被告人的案件之后再审理另一个被告人的案件。在美国由治安法庭审理的微罪案件中（相当于我国公安机关处理的治安管理处罚案件，且以判处罚金和社区服务为主），为了节约时间，若干被告人可以同时坐在法庭的旁听席上。但是即便这样，法官审理案件仍然要一个接一个按照先后顺序依次审理，即审理完前一个被告人的案件之后才会叫后一个被告人站起来受审。不相关案件被告人不能同时出庭受审，是一个常识，是几百年来国际公认的刑事司法习惯。那么，为什么不相关案件的被告人不能同时出庭受审呢？或者说不相关案件的被告人同时出庭受审存在什么问题呢？

四、问题分析

人类在心理上存在一种从众倾向：与群体保持一致。比如，在众多被告人同时受审的情况下，如果其他被告人不对回避等程序问题提出异议，那么即便有被告人存在需要提出异议的情况，缘于从众心理也可能不会当众提出，往往会保持沉默。如果其他被告人选择了速裁程序，不愿意选择速裁程序的被告人缘于从众心理也可能不会当众提出，往往也会选择速裁程序。再比如，如果其他被告人全都认罪，那么不准备认罪的被告人缘于从众心理也有可能会保持沉默，也有可能按照与其他被告人同样的认罪模式"认罪"。刑事诉讼和未决羁押所带来的巨大压力，和众多被告人同时受审所带来的新的压力，毫无疑问会严重影响和干扰被告人的自由意志。被告人看着其他陌生的人一个接着一个认罪，这种心理冲击恐怕难以让他们感受到审判的公正，反而可能让他们感到审判只是形式，在法庭上申冤翻案的最后努力也因此失去了动力。这种情况会让正当程序原则受到破坏，而正当程序原则被破坏后，公正审判原则也必然受到破坏。如果仅仅是被告人的人权受到侵犯，从一些人的角度来看，似乎问题还不大，但是这种情况还会引发一个更严重的问题——冤假错案。

在国外的辩诉交易中，犯罪嫌疑人、被告人往往处于非羁押状态，不在看守所中，故而没有因羁押状态而产生的恐惧、焦虑、绝望等巨大的心理压力和剥夺自由所带来的身体不适及痛苦，故而能在自由意志下处分自身权利，参与辩诉交易。但是在我国，犯罪嫌疑人、被告人绝大部分处于被逮捕后的羁押状态，人身自由被剥夺自然会产生恐惧和精神强制，人的自由意志也会受到极大的影响，在没有外部法律帮助的情况下，恐怕不能保证其认罪认罚是完全出于自愿。

目前的刑事诉讼法修正案中，并未明文规定刑事速裁程序中被告人必须由辩护人提供法律帮助。缺乏法律知识的被告人在没有外部法律帮助的情况下，一方面无法对刑事速裁程序完全理解，另一方面对自己的诉讼权利也不能完全理解。

这就使其对自己在审判时的自认行为所引发的刑事法律后果没有相应的预期，甚至处于完全无知的状态。此时，在从众心理的影响下，缘于对不利法律后果的无知，被告人很可能盲目与其他一同受审的被告人保持一致，而做出对自己不利的选择或自认行为。显然，这样的选择或自认行为是容易引发错案的。

五、修改建议

我国推进一系列司法改革的根本目的是为了减少冤假错案，如果司法实践中的某些错误做法反而更容易引发冤假错案，我们就必须采取措施，改变不合理的做法，避免出现意想不到的消极后果和严重问题。

因此，笔者建议，应当以立法解释或司法解释的方式明确规定："适用速裁程序审理案件，应当一案一审，不能同时对不相关案件的被告人进行审判。"

增加这一规定，也是避免我国在人权问题上陷入被动。从监察法出台到刑诉法的修改，本次司法改革动作很大。鉴于我国每两年需向联合国人权理事会提交一份人权白皮书，西方反华势力肯定会在这两部法律上大做文章。因此，我们应当尽量减少可能招致攻击的争议点，集中力量在主要问题上与反华势力展开斗争。像"不相关案件的被告人同时受审"这类不起眼的问题，却违反了联合国《公民权利和政治权利国际公约》等国际人权法公约所确认的正当程序原则和公正审判原则，如果因此引发西方反华势力的攻击就实在没有必要。笔者认为，我们在进行国内立法时，也不应当忽视国内法在国际上可能造成的影响。总的处理原则应当是不给我国政府增添不必要的麻烦，更不能在复杂的国际人权斗争中授人以柄。

本章补充注释

[1] 陈光中、陈瑞华、胡云腾、王敏远、田文昌、李贵方：《最高法院统一行使死刑复核权专家笔谈》，《中国司法》2005 年第 12 期。

[2] 陈瑞华：《中国刑事司法制度的三个传统》，《东方法学》2008 年第 1 期。

[3] 陈瑞华：《中国刑事司法的三个传统——以死刑复核制度改革问题为切入点的分析》，《社会科学战线》2007 年第 4 期。

〔4〕陈瑞华：《通过行政方式实现司法正义？——对最高人民法院死刑复核程序的初步考察》，《法商研究》2007 年第 4 期。

〔5〕张建伟：《审判中心主义的实质内涵与实现途径》，《中外法学》2015 年第 4 期。

〔6〕郭华：《"以审判为中心"的理念解析》，《人民检察》2017 年第 15 期。

〔7〕周宏亮：《以审判为中心的诉讼制度改革对检察工作的影响》，《中国检察官》2016 年第 17 期。

〔8〕樊传明：《审判中心论的话语体系分歧及其解决》，《法学研究》2017 年第 5 期。

〔9〕孟建柱：《坚定不移推动司法责任制改革全面开展》，《中国应用法学》2017 年第 1 期。

〔10〕李莉、董笑君：《刑事诉讼中的程序逆流问题初探》，《东南大学学报（哲学社会科学版）》2012 年第 1 期。

〔11〕仇萌萌：《论刑事庭审实质化研究》，浙江工商大学硕士学位论文，2020 年。

〔12〕褚福民：《如何完善刑事证据制度的运行机制？——"以审判为中心"的诉讼制度改革为视角的分析》，《苏州大学学报（哲学社会科学版）》2016 年第 2 期。

〔13〕李奋飞：《最高人民法院死刑复核程序新探》，《国家检察官学院学报》2014 年第 5 期。

〔14〕左卫民：《司法化：中国刑事诉讼修改的当下与未来走向》，《四川大学学报（哲学社会科学版）》2012 年第 1 期。

〔15〕管晓静：《"以审判为中心"背景下公安改革有关问题探究——以山西省公安机关执法创新为视角》，《山西警察学院学报》2020 年第 1 期。

〔16〕张晨怡：《完善认罪认罚从宽制度刍议》，《西部学刊》2020 年第 11 期。

〔17〕方磊：《论死刑复核程序的诉讼化回归》，南京师范大学硕士学位论文，2011 年。

〔18〕黄政钢：《论"审判中心主义"建构下的侦查应对》，《江苏警官学院

学报》2015 年第 4 期。

［19］叶青：《以审判为中心的诉讼制度改革之若干思考》，《法学》2015 年第 7 期。

［20］许克军：《"以庭审为中心"与"以审判为中心"关系辨析》，《人民法院报》2015 年 6 月 4 日。

［21］张颖：《司法体制改革背景下的诉讼制度改革研究》，吉林大学硕士学位论文，2015 年。

［22］顾永忠：《"庭审中心主义"之我见》，《法制资讯》2014 年第 6 期。

［23］何格：《以审判为中心的诉讼模式下检察机关的侦诉应对》，《以审判为中心与审判工作发展——第十一届国家高级检察官论坛论文集》2015 年第 4 期。

［24］顾永忠：《试论庭审中心主义》，《法律适用》2014 年第 12 期。

［25］徐玉、李召亮：《庭审中心主义刍论》，《山东审判》2014 年第 2 期。

［26］刘仁琦：《人民陪审员参审职权改革的实体与程序基础——以庭审实质化的推进为切入点》，《法学》2020 年第 6 期。

［27］公丕祥：《中国特色社会主义司法改革道路概览》，《法律科学（西北政法大学学报）》2008 年第 5 期。

［28］陈光中、步洋洋：《审判中心与相关诉讼制度改革初探》，《政法论坛》2015 年第 2 期。

［29］赵佳月：《刑诉法修改权力 PK 权利》，《南方人物周刊》2011 年第 31 期。

［30］蒋海洋：《刑诉法修正草案聚焦"三大改革"》，《浙江人大》2018 年第 6 期。

［31］梁国栋：《陈光中与他的民主法治梦》，《中国人大》2011 年第 19 期。

［32］商浩文、陈统：《刑事缺席审判制度的比较考察——以英国和美国为例》，《南都学坛》2020 年第 4 期。

第三章　开辟第二路径推进以审判为中心的诉讼制度改革

在前文中，笔者分析了古今中外各国司法运行和改革的情况，总结和概括了隐藏其中的司法规律，并对已经进行的实然的司法改革进行了分析，评价其成效影响，找出其涉及的司法规律，并根据司法规律，发现需要进一步完善之处。

在第一章本书总结了中国司法改革的六个大体思路：①从法律神秘主义到法律的公开化；②从法律的野蛮化到文明化；③从重刑主义到轻刑主义；④刑事司法与行政逐步分离而不断专业化；⑤避免和纠正刑事错案；⑥法律适用逐步平等化。同时还从世界范围的司法改革总结出"刑事职能机关职权配置的分化"和"刑事职能机关职权配置的优化"两个规律。

在第二章，本书对最高人民法院收回死刑复核权、非法证据排除规则的确立、以审判为中心的诉讼制度改革和员额制改革这四次重大的司法改革进行了描述和分析。最高人民法院收回死刑复核权和非法证据排除规则的确立，这两项改革体现出的是三个大体思路：从法律的野蛮化到文明化、从重刑主义到轻刑主义、避免和纠正刑事错案。以审判为中心的诉讼制度改革则体现了"刑事职能机关职权配置的优化"的规律，而员额制改革体现了"刑事司法与行政逐步分离而不断专业化"的规律。

在本章，笔者拟对"以审判为中心的诉讼制度改革"进行深入探讨，从实然的司法改革入手，依照司法规律，设计应然的司法改革方案。

十八届四中全会通过的《中共中央关于全面推进依法治国若干重大问题的决定》中明确提出了"推进以审判为中心的诉讼制度改革"，对我国司法改革和刑事诉讼制度的完善具有重要的指导意义。审判中心主义意味着整个诉讼制度和活动围绕审判而建构和展开，侦查、起诉、执行都是为了使审判能够进行或者落实审判结果，审判是整个诉讼活动的中心环节和核心活动。

如果说审判中心主义的第一路径，是推动我国刑事诉讼从侦查中心主义向审判中心主义过渡，那么审判中心主义的第二路径，则是推动司法裁判权向程序法事实（项）① 领域和审前阶段这两个方向的扩张和延伸。审判中心主义的第一路径主要着眼于实体法事实的裁判和证明，审判中心主义的第二路径则主要着眼于程序法事实（项）的裁判和证明。对程序法事实（项）的合法性，即职能部门诉讼行为的合法性进行司法审查是审判中心主义第二路径的主要内容。从某种意义上来说，第一路径和第二路径相互结合，才能实现审判中心主义，才能真正推进以审判为中心的诉讼制度改革。

在我国现行刑事司法职权配置中，法院的司法裁判权仅限于审判阶段，不能在审前阶段行使，这种司法裁判权裁判的对象主要是与定罪量刑有关的实体法事项，大多数与程序性违法有关的程序法事实（项）不属于其裁判的对象。其他国家的法院除去审判权之外，其司法职权往往还包括以下几种：①在审前阶段，对侦查机关的逮捕和搜查请求进行事前司法审查。②对辩方提出的侦检机关② 的程序性违法行为进行事后司法审查。③对未决羁押的决定、延长和解除等事项进行司法审查。这三种职权都是与程序法事实（项）紧密相关的职权，法院对这些事项的审查，其性质都是对程序法事项的司法审查。

审判中心主义的第二路径，就是推进针对程序法事项的司法审查的开展，推动司法裁判权向程序法事项领域和审前阶段这两个方向的扩张和延伸，主要涉及程序法事项的裁判和证明。

---

① 程序法事实，也可称为程序法事项、程序性事实或程序性事项，是指涉及当事人诉讼权利义务、在诉讼程序上具有法律意义的事实。在本书中，"程序法事实"和"程序法事项"是两个通用的概念，"程序法事实"对应于"实体法事实"的概念而提出，是更加严谨的概念，而"程序法事项"则是更易于阐释和理解的概念，本书视语境交替使用这两个概念。与程序法事实裁判和程序法事实证明相关的事实或事项，只能是比较重要的程序法事实或事项。

② 刑事诉讼中的国家公权力包括侦查权、检察权和审判权，一般认为其中的侦查权和检察权都属于具有一定行政性质的公权力，在本书中笔者将其合称为侦检权。相应地，本书将侦查机关和检察机关合称为侦检机关，将侦查行为和检察行为合称为侦检行为。

随着 2010 年《非法证据排除规定》的出台、2012 年《刑事诉讼法》的修改，以及此后一系列司法解释的颁布，我国第一次出现了程序性裁判①机制，针对非法证据排除的程序法事实裁判制度（司法审查程序）第一次在我国刑事诉讼法律体系中出现，程序法事实由此成为不同于实体法事实的新的裁判对象。程序法事实裁判的初步确立，也使程序法事实证明第一次有了用武之地，第一次能够在实然状态下被运用。由此，程序法事实也成为不同于实体法事实的新的证明对象。而新的刑事诉讼法律关系因程序法事实裁判和程序法事实证明的出现而出现，新的刑事诉讼法律关系客体因新的裁判对象（审判对象）和证明对象的形成而形成。今日之程序法事实于中国刑事诉讼而言，同时担当着三个重要的角色——新的裁判对象（审判对象）、新的证明对象和新的刑事诉讼法律关系客体。程序法事实的三个载体——程序法事实裁判、程序法事实证明和程序性裁判法律关系（程序法事实裁判法律关系），于今日中国之刑事诉讼发挥着昨日不可想象的巨大作用。

第一节　开辟审判中心主义改革第二路径的原因

一、开辟第二路径的原因之一——遏制冤假错案的产生

2010 年 5 月 9 日，因"杀害"同村人已在监狱服刑多年的河南商丘村民赵作海，因"被害人"赵振裳突然回家，而被宣告无罪释放，河南省有关方面同时启动责任追究机制。2010 年 5 月 9 日上午，河南省高级人民法院召开新闻发布会，向社会通报赵作海案件的再审情况，认定赵作海故意杀人案系一起错案。河南省高级人民法院于 2010 年 5 月 8 日作出再审判决：撤销省法院复核裁定和商

---

①　程序法事实裁判是与程序法事实证明相对应的概念，即程序性裁判，本书为了便于论述和理解，会交替使用"程序法事实裁判"与"程序性裁判"这两个概念。程序性裁判、程序性制裁和程序性辩护的一系列基本概念，参见陈瑞华：《刑事诉讼的前沿问题》，中国人民大学出版社 2013 年版，第 195－243 页。

丘中院判决，宣告赵作海无罪。①

赵作海案中存在严重的玩忽职守和滥用职权的问题。河南省睢县人民检察院反渎职侵权局印发的一份《起诉意见书》（睢检反渎移诉〔2010〕3号）显示：犯罪嫌疑人罗明珠、王松林、周明晗、郭守海、司崇兴涉嫌刑讯逼供犯罪，丁中秋涉嫌玩忽职守犯罪一案，现已侦查终结。《起诉意见书》称，从5月8日至6月10日，赵作海先后被控制在柘城县老王集乡派出所和柘城县公安局刑警队，分别被铐在连椅上、床腿上或摩托车后轮上，公安办案人员分班轮流审讯和看守，这种体罚控制情况持续长达33天。赵楼村村民杜金慧和赵作海的妻子赵晓起也被传唤和长时间非法关押。为获取赵作海实施故意杀人的供述，罗明珠持枪威吓赵作海，并指使、纵容李德领、王松林、周明晗、郭守海、司崇兴等人采取用木棍打、手枪敲头、长时间不让休息和吃饭等方法轮番审讯赵作海。② 在赵作海案中，侦查人员为取得赵作海口供和证人证言实施了刑讯逼供和暴力取证行为，而相关领导玩忽职守，没有制止刑讯逼供和暴力取证行为，放任不真实的犯罪嫌疑人供述进入刑事诉讼的后续环节，成为对被告人定罪量刑的依据，并最终造成了冤假错案。上述司法人员的行为违反了《刑事诉讼法》，侵犯甚至剥夺了犯罪嫌疑人、被告人的诉讼权利，其行为在刑事程序法上被称为程序性违法行为。③

除了赵作海案之外，近年来还发现了佘祥林、杜培武、呼格吉勒图等一系列冤假错案，而这些冤假错案的成因与赵作海案存在惊人的相似——公安司法人员不遵守刑事诉讼法，实施刑讯逼供、暴力取证等程序性违法行为，侵犯甚至剥夺犯罪嫌疑人、被告人的诉讼权利。由于程序性违法行为造成了实体性的案件处理错误，缺失了公正司法，所以丧失了司法公正。

由于我国长期以来奉行侦查中心主义，重实体轻程序，具有行政色彩的侦查机关、检察机关有时确实容易忽略公正价值，而更多地关注效率价值。为侦破犯

① 参见百度百科，http://baike.baidu.com/view/3588372.htm，最后访问日期：2015年6月17日。
② 参见新浪网新闻中心：《赵作海遭刑讯逼供案6名警察被起诉》，http://news.sina.com.cn/c/2010-07-14/111320676179.shtml，最后访问日期：2019年11月24日。
③ 程序性违法行为，主要是侦查人员、检察人员、审判人员在诉讼活动中违反了《刑事诉讼法》规定的法律程序，侵犯了公民的诉讼权利，情节严重的违法性行为。参见陈瑞华：《刑事诉讼的前沿问题》，中国人民大学出版社2013年版，第195-243页。

罪和顺利起诉，在司法实践中确实存在一些司法工作人员特别是侦查人员违法办案的现象。刑讯逼供、暴力取证、超期羁押屡禁不止，拘留、逮捕、搜查、扣押、冻结、技术侦查措施随意运用。审前阶段，特别是侦查阶段，是公民人身权、财产权和诉讼权利受侵犯最严重的阶段，往往表现为代表国家追诉犯罪的侦查（或检察）机关在实施诉讼行为时不遵守《刑事诉讼法》的规定，侵犯犯罪嫌疑人、辩护人或被害人、诉讼代理人的正当权利，甚至在行使公权力时公然实施程序性违法行为。

法治发达国家也曾经面临同样的问题，为了规制侦查（或检察）权力的滥用，不同法系的国家建立了不同的制度。这些制度虽然各有特色，但却有着一个重要的共同点，就是一般都要求侦查（或检察）机关对其侦查（或检察）行为的合法性加以证明。比如，为了防止侦查机关随意对公民采取强制措施或强制性措施①，英美法系国家建立了令状制度②，大陆法系国家建立了预审法官、侦查法官制度③，由法官对侦查机关准备实施的强制措施或强制性措施④进行审查。此时侦查机关不但要提出强制措施或强制性措施的实施请求，而且要向法官证明实施该强制措施或强制性措施符合法定条件，即具有合法性。再如，为了防止侦查机关实施程序性违法行为，英美法系国家建立了非法证据排除制度，大陆法系国家建立了诉讼行为无效制度。⑤ 当辩方认为侦查（或检察）机关的诉讼行为存在程序性违法时，可以提起司法审查之诉⑥，此时侦查（或检察）机关必须对自

① 强制性措施代指我国刑事诉讼法规定的 5 种强制措施以外的搜查、技术侦查等其他强制性侦查行为。在本书中，笔者使用"强制措施和强制性措施"指代上述全部措施。

② 项焱、张烁：《英国法治的基石——令状制度》，《法学评论》2004 年第 1 期（总第 123 期），第 118 - 122 页。

③ 潘金贵：《预审法官制度考察与评价》，《河南师范大学学报》2003 年第 2 期第 35 卷，第 132 - 136 页。

④ 也可以使用"强制性侦查行为"这一概念代替"强制措施和强制性措施"，本书视语言环境交替使用这两个概念。

⑤ 参见陈瑞华：《大陆法中的诉讼行为无效制度——三个法律文本的考察》，《政法论坛》2003 年第 5 期第 21 卷，第 105 - 117 页。

⑥ 由于侦检机关的程序性违法行为主要发生在审前阶段，因此对这些程序法事项的事后司法审查实际上也同时是针对审前阶段诉讼行为的司法审查。虽然针对侦检机关诉讼行为性质的司法审查本身可能在审判阶段进行，但这种司法审查针对的程序法事项却是实实在在的审前诉讼行为，而法院对控辩双方程序法请求事项的事前司法审查，更是直接将司法裁判权延伸至审前阶段，完全改变了法院仅在审判阶段行使审判权，而不直接介入审前阶段的传统态势。

己诉讼行为的合法性进行证明。在法治发达国家，无论是申请实施某一强制措施或强制性措施，还是对已实施诉讼行为合法性的争议，侦查（或检察）机关都需要在司法审查中通过证明使裁判者认同其诉讼行为的合法性。通过这种方式，具有行政色彩的侦查权、检察权得到了较好的控制，再也不能随心所欲地使用，只能遵守程序法，以"合法"的形式"依法"使用。①

我们应当借鉴法治发达国家的上述制度，开辟审判中心主义的第二路径，依法追究犯罪，依法适用刑法规范，依法实现国家刑罚权。通过程序法事项的裁判和证明，对公权力机关的诉讼行为实施司法审查，遏制程序性违法，进而遏制冤假错案的产生。

二、开辟第二路径的原因之二——实现刑事诉讼法的第二目的

我国《刑事诉讼法》第1条规定："为了保证刑法的正确实施，惩罚犯罪，保护人民，保障国家安全和社会公共安全，维护社会主义社会秩序，根据宪法，制定本法。"传统上认为，打击犯罪或保障刑法的实施是刑事追讼法的目的，可以表述为"追究犯罪，适用刑法规范，实现国家刑罚权"，其目标为"保护社会秩序"。

二十几年前我国学者就提出，"保护人权"是和"打击犯罪"并列的刑事诉讼法目的②，堪称刑事诉讼法的第二目的。在此基础上，笔者认为，刑事诉讼法确实存在第二目的，这一目的和刑事诉讼法所规定的"打击犯罪"共同组成了《刑事诉讼法》的两个目的。打击犯罪的目的其内容可以表述为"追究犯罪，适用刑法规范，实现国家刑罚权"，与之相对应，刑事诉讼法第二目的的内容可以表述为"依法追究犯罪，依法适用刑法规范，依法实现国家刑罚权"。而这三个

---

① 在这个过程中，司法机关对侦查行为、检察行为合法性的司法审查，性质就是程序法事实的裁判（程序性裁判）；而侦查、检察机关对其自身诉讼行为合法性的证明，性质就是程序法事实的证明。程序法事实的裁判和证明能够很好地约束侦检机关的诉讼行为，使之在合法的轨道上运行，对规制侦检权等行政性质公权力的滥用可以起到实质性的遏制作用。在下文中，笔者将会详细加以阐述。

② 我国1979年《刑事诉讼法》规定，刑事诉讼法的目的是打击犯罪和保护人民。此后，人们逐步地认识到单纯将打击犯罪作为刑事诉讼法的目的，并非创制刑事诉讼法的初衷。刑事诉讼法存在的价值应当是通过一系列刑事诉讼的规则、制度，依法打击犯罪、保护人民，同时防止公权力的滥用，避免国家机关在刑事诉讼过程中对公民的人身、财产等权利造成不必要的伤害。因此，刑事诉讼的双重目的理论被提出，人权保障作为与打击犯罪等量齐观的刑事诉讼目的，被广大学者普遍接受。

"依法"可以抽象为"依法实施刑事诉讼行为"。因此，笔者认为，《刑事诉讼法》的第二目的也可以表述为"依法实施刑事诉讼行为"。这两个目的刚好形成实体与程序、目标与过程的关系。"追究犯罪，适用刑法规范，实现国家刑罚权"，即"打击犯罪"的目的，可以理解为"保护社会秩序"。而"依法追究犯罪，依法适用刑法规范，依法实现国家刑罚权"，即"依法实施刑事诉讼行为"，也可以理解为"保护人权"。"依法实施刑事诉讼行为"和"保护人权"可以看作刑事诉讼法第二目的的两个方面。笔者所阐述的这个第二目的的新内涵（或）新的第二目的，可以看作对前述"保护人权"目的的一个小小的发展。

笔者认为，所有的刑事诉讼制度和理论都是围绕着这两个刑事诉讼法的目的展开的。刑事诉讼法围绕"打击犯罪"这一目的展开容易理解，那么刑事诉讼制度和理论是否围绕"依法实施刑事诉讼行为"这一目的展开，笔者的观点是否正确？

笔者认为，刑事诉讼中出现的各种原则和制度，无论源自何种法理，着力于何种角度，其实归根结底都无法离开以下三种宏观思路——控权，即控制以侦查权（检察权）为代表的行政性质公权力；保权，即保障和维护以辩护权为表现形式的被告人刑事诉权和宪法基本权利；扩权，即扩大司法裁判权以确保刑事诉讼在审判和审前诸阶段的公正进行。而这三种刑事诉讼理论和原则的宏观思路其核心精神都是依法实施刑事诉讼行为。下面，笔者就从控权（行政权的控制）、扩权（裁判权的扩张）和保权（被告人权利的保障）三方面梳理分析一下这些理论和原则。

一是控权，即对侦查权（检察权）这类行政性质公权力的控制。权力制衡理论[1]是控权的一个直接理论基础，即通过司法权对行政性质公权力的制约来完成遏制行政性质公权力滥用的效果。早期英国的令状制度、法国大革命后的预审法官制度以及"二战"后的司法审查制度都体现了权力制衡的思想，其中以司

---

① 权力制衡理论的实质就是用权力制衡权力，具体而言就是用立法权、司法权制衡行政权，用司法权制衡立法权、行政权。权力制衡主要针对的对象是行政权，就该理论产生时就是封建王权，通过从王权中分割出立法权和司法权，削弱并制衡国王的行政权。权力制衡理论在宪政领域的表现是三权分立，而在刑事诉讼领域的表现，则是裁判方的司法权对侦检方的行政权的控制。在后来的实践中，权力制衡理论被证明无论在宪政层面上还是刑事诉讼层面上都是行之有效的。

法审查为控权思想的集大成者。正当程序理论①是控权思路的另一个理论基础，正当程序（自然正义）的第一原则②直接针对的就是行政权的专横，为司法性质公权力对行政性质公权力的控制提供了合法性基础。我国学者提出的司法权保障理论和程序正义理论亦是控权思想的体现。

二是扩权，即司法裁判权的扩张和延伸。控制行政权与扩张司法权是一个问题的两个方面，都是公权力内部的权力再分配问题。因此，权力制衡理论也同样是司法裁判权延伸的理论基础。法国由预审法官主导侦查，并对违法侦查行为进行司法审查就是最典型的司法权的延伸。除此之外，英美法系国家的非法证据排除、撤销起诉等制度，大陆法系国家的诉讼行为无效制度实质上都是司法裁判权的延伸。具体而言，就是司法裁判权延伸至审前阶段和程序法事项裁判领域，其主要特点是针对侦查（检察）机关审前阶段的程序性违法行为进行司法审查，对刑事诉讼中发生的公共侵权行为进行程序法意义上的制裁。我国学者将这种扩张至程序法领域的司法裁判称为程序性裁判，将对程序性违法行为进行的制裁称为程序性制裁。

三是保权，即对被告人权利的保障。人权保障思想是被告人权利保障的理论基础，美国宪法性文件《权利法案》和法国宪法性文件《人权宣言》中都有对公民基本权利的明确规定，其中很多基本权利是与刑事诉讼相关的。各国宪法中也都有若干与刑事诉讼相关的公民基本权利的规定。近现代以来的宪法可诉化使刑事诉讼权利宪法保障成为可能，公民可以依据宪法对侵犯宪法规定的与刑事诉讼相关的公民基本权利的公共侵权行为提出司法审查之诉，甚至是违宪审查之

---

① 随着文艺复兴运动在欧洲的兴起，人们开始重拾希腊、罗马文明中的法治精神。众多希腊政治家、思想家关于法律的论述和著作广为流传，罗马法的精神和原则被重新关注。与此同时，人们开始反思中世纪欧洲司法的机械、残酷和丑恶。自然法学派最早举起了法制的大旗，提出了自然正义的理念。自然正义观念在英国深入人心，与后来在美国发展起来的正当程序原则共同导引出程序正义理论。自然正义原则有两条最基本的原则：一、任何人不能作为自己案件的法官；二、任何个人或组织在做出对他人不利的决定时必须听取他人的陈述和辩解。这两条原则也可以视为程序正义的两条基本原则。

② 程序正义或自然正义的第一原则直接质疑了代表政府利益的行政机关自行对公民进行刑事审判、直接对公民采取强制性措施的合法性。它是后来的司法审查原则、公正审判原则、正当程序原则等一系列原则的理论基础。它对司法权在审前阶段扩张，或者说运用司法权对行政性质公权力进行司法审查提供了有力的理论支持。

诉。自然正义的第二原则①同样是保权的理论基础，它直接确立了辩护权的合法性，使被告人及其律师为权利而斗争具有了合法的基础，并间接导致刑事诉权理论被引入刑事诉讼领域，使公民有权对刑事诉讼的发展施加影响。同时，证据合法性问题或非法证据排除逐步成为法院的裁判对象，攻击性的程序性辩护从传统的防御性的辩护中脱颖而出，公民可以对公权力机关的程序性违法行为提出质疑，并通过法院对该行为的程序性制裁达到宣告控方诉讼行为无效或排除控方取得的非法证据的效果，并由此达到辩护的目的。我国学者提出的刑事诉讼的人权保障目的和程序性辩护理论正是保权思想的体现。

从上面的分析可以发现，众多的刑事诉讼理论和原则主要围绕着控权（行政权的控制）、扩权（裁判权的扩张）和保权（被告人权利的保障）三种思路展开，分别从不同角度作用于刑事诉讼。同时，这三种思路均围绕依法追究犯罪、依法适用刑法规范、依法实现国家刑罚权展开，或者说都围绕"依法实施刑事诉讼行为"这个核心目的展开。这一目的和刑事诉讼法所规定的打击犯罪共同组成了刑事诉讼法最基本的两个目的，两者刚好形成实体与程序、目标与过程的关系。

为实现"依法实施刑事诉讼行为"这一刑事诉讼的第二目的，有必要依靠程序法事实的裁判和证明，从制度层面上开辟审判中心主义的第二路径。

三、开辟第二路径的原因之三——解决实践中侦查行为监督问题

中国刑事诉讼存在一种比较独特的情况，那就是法院职权弱小，无法像其他国家的法院一样，对检察机关和侦查机关的诉讼行为进行指挥、指导、监督和评价，这就造成了中国司法实践中的一系列现实问题。在刑事诉讼中，法院无法对侦查机关的侦查行为加以指挥或指导，这就造成面对侦查机关不合法不合理的取证行为无能为力，只能被动地接受侦查机关通过检察机关提交的证据。由于部分侦查人员取证能力不高，确有不少案件中的证据材料存在问题，或关键证据未取得，或取证程序违法，或证据材料因保存、运输不当而毁损、灭失，存在瑕疵的证据材料更是不可计数。这种情况造成审判机关在面对检察机关提交的证据材料

---

① 程序正义或自然正义的第二原则将批判的矛头指向了纠问式诉讼，是日后被告人获得辩护原则的理论依据，也是近现代一系列犯罪嫌疑人或被告人诉讼权利保障理论的基础，开启了被告人的权利保障。

时面临两难的局面，认定也不是，不认定也不是。如果严格依照《刑事诉讼法》及相关法律和司法解释对证据材料进行审查，则上述证据材料都不可能成为认定案件事实的依据，如此一来被告人就可能逍遥法外，检察机关和侦查机关肯定不会同意。但是，如果不严格依照《刑事诉讼法》及相关法律和司法解释对证据材料进行审查，又会公然违反程序法，置程序法的尊严于不顾。在司法实践中，很多审判机关无奈地选择了第二种方案，以一种非常粗糙的方式对待侦查机关通过检察机关提交的证据材料，基本上允许检察机关以自由证明而非严格证明的方法对其主张的公诉事实进行证明。不客气地讲，我国很多法院的刑事卷宗，证据链条不完整，证据未经过国际公认的证据调查程序，证明未达到"事实清楚、证据确实充分"的要求。这样的证据准备，换做德法或英美的法庭恐怕会视同无效，无法定罪。

在 2012 年《刑事诉讼法》修改之后，特别是十八届四中全会提出"审判中心主义"以后，笔者对北京、哈尔滨、无锡、扬州、泰州、靖江和江阴等地的法院、检察院和公安机关进行了调研。调研显示，法院审判人员在审判中心主义的实践过程中最看重的是如何获得更多的具有证据能力和证明力的控方证据材料。他们往往对大量不合格的证据材料叫苦连天，强烈呼吁扩大法院对取证行为的指导权限或指挥权限。转化为学术语言，就是将法院的司法权扩大到程序法事项裁判领域（如诉讼行为合法性裁判）和审前阶段（如侦查阶段）。

在大陆法系国家中，法国的预审法官对审前阶段的侦查行为拥有强有力的主导和监督权。法国的一级预审法官可以直接指挥侦查人员，而刑事司法警察乃至检察官都要服从一级预审法官的指挥。这种制度设计有力地保障了刑事司法警察和检察官对证据材料有目的有效果地合理收集，同时也保证了侦查行为的合法进行。法国的二级预审法官则负责对侦查机关侦查行为的启动（颁发令状）进行事前司法审查，对有异议的侦查行为和检察行为的合法性进行事后司法审查。在很长一段时间里，法国的预审法官模式是大陆法系国家的典型模式。这种模式缘于法国人民对法国大革命前行政权专横，特别是侦查权专横的痛苦记忆。出于对司法权中立性的信赖，法国立法者在制度设计上将司法权从审判领域扩张到审前领域，从实体法事项裁判（被告人行为合法性裁判）领域扩张到程序法事项裁判（侦查行为合法性裁判）领域。这种制度设计成功地改变了中世纪以来的黑狱式侦查模式①，建立了为法国公众所认可的相对透明公正的审前侦查模式。

大陆法系国家和英美法系国家其实都面临着规制侦查权、保障公民人权的问题。法国模式是以预审法官的形式将司法权延伸到审前阶段的程序法事项领域，以司法权对侦查权加以规制和监督。英美法系国家虽无预审法官，但却具有长期的控辩平等传统，存在强大的辩方。辩方拥有强大的诉权，这种诉权既可以与法官的审判权相抗衡，又可以相应地规制侦查权。同时，英美法系国家虽然没有一级预审法官对侦查行为进行指挥主导，却有与二级预审法官相似的治安法官和地方法官负责对侦查机关侦查行为的启动（颁发令状）进行事前司法审查，对有异议的侦查行为和检察行为的合法性进行事后司法审查。由于已经存在拥有强大诉权的辩方和能够履行司法审查职能的治安法官或地方法官，英美法系国家基于其控辩平等的对抗式诉讼模式，不需要法国式的预审法官，一样能够实现对本国侦查权的规制。

近几十年来，德国、意大利等大陆法系代表国家废除一级预审法官制度，改二级预审法官为侦查法官，不断向英美法系靠拢。笔者认为，德意等国的立法和司法实践可以视为规制侦查权的第三种模式——德意等国家在"二战"后向英美法系国家学习，其法律制度从职权主义向当事人主义逐步靠拢。随着当事人主义的若干重要制度在德意等国家的建立，德意等国家具有了与英美模式相似的拥有强大诉权的辩方。在将二级预审法官转变为侦查法官后，侦查法官同样可以对侦查机关侦查行为的启动（颁发令状）进行事前司法审查，对有异议的侦查行为和检察行为的合法性进行事后司法审查。② 但是，仅以上述两种制度对侦查权加以规制还显不足，需要以大陆法系职权主义的重要制度"检警一体"为补充。所谓检警一体，是指检察官可以直接指挥或指导刑事司法警察进行侦查取证，而

---

① 对黑狱式侦查模式的描述最形象的莫过于房龙的著述："在整整五个多世纪里，世界各地成千上万与世无争的平民仅仅由于多嘴的邻居道听途说而半夜三更被人从床上拖起来，在污秽的地牢里关上几个月或几年，眼巴巴地等待既不知姓名又不知身份的法官的审判。没有人告诉他们罪名和指控的内容，也不准许他们知道证人是谁，不许与亲属联系，更不许请律师。如果他们一味坚持自己无罪，就会饱受折磨直至四肢都被打断。别的异教徒可以揭发控告他们，但要替他们说好话却是没有人听的。最后他们被处死时连遭到如此厄运的原因都不知道。"参见［美］房龙：《宽容》，生活·读书·新知三联书店1985年版，第136页。

② 在日本，承担上述职责的是地方法官。

刑事司法警察要服从检察官的指挥，以保证侦查取证行为合法有效地进行。德意等国家将此三种制度相互结合，以一种介于大陆法系职权主义和英美法系当事人主义的新模式对侦查权加以规制。第三种模式以德意等西方国家为代表，东方的日本与其极为相似，也可以归入这种模式。这些国家几十年的司法实践表明，在侦查权规制方面，第三种模式同样是有效的。

反观中国，目前没有法国模式中在审前阶段对侦查行为进行指挥的一级预审法官和对诉讼行为进行司法审查的二级预审法官；也没有英美模式中拥有强大诉权的辩方和拥有司法审查权的治安法官或地方法官。因此，我国法院并没有足够的权力对审前阶段的侦查行为进行监督或审查，更遑论指挥或指导。

我国现行宪法对司法职权配置的规定，与法国模式相去甚远。显然，以现有的司法职权配置，我国不可能建立对侦查行为进行指挥或指导的一级预审法官制度，并以此在审前阶段对侦查权加以规制。

同时，我国也不大可能效仿英美模式来解决这一问题。我们缺乏英美模式中拥有强大诉权的辩方，辩方相对于控方而言不值一提。在我国的刑事司法中，只有不到30%的律师辩护率，而且在法律援助案件中很多辩护律师又严重不负责任。这就使效法英美模式由辩方对侦查权进行制约成为了不可完成的任务。

目前，在审判中心主义的大目标下，规制侦查权的现实方法似乎只有一种，那就是第三种模式。现实的选择只能是通过效仿德意的侦查法官，建立程序性裁判制度，扩张司法权至审前阶段和程序法事项领域。同时，再以德意等大陆法系国家的检警一体制度为补充，加强检察机关对侦查机关侦查取证行为的指导。因此，必须开辟审判中心主义的第二路径，逐步建立程序法事实裁判制度和程序法事实证明制度，并正式赋予检察机关对侦查机关侦查取证行为的指导权。

由于我国公安机关和检察机关复杂而微妙的关系以及现行宪法和《刑事诉讼法》所规定的司法职权配置，直接实行检警一体是断不可能的，即便是正式赋予检察机关对侦查机关侦查取证行为的指导权都是很难想象的。因此，开辟审判中心主义的第二路径如果从检警关系入手，有点类似于正面强攻，阻力会非常大。

如果从程序法事实裁判制度和程序法事实证明制度这个角度开辟审判中心主义的第二路径，涉及运用司法权对侦查权加以规制，难度也同样很大。但是好在我国已经建立了非法证据排除制度，在程序法事实的裁判和证明领域已经迈出了扎实的一小步。这一步虽小却意义重大，相当于宇航员阿姆斯特朗当年登月时迈出的那一步，堪称中国法治的一大步。

因此，综合以上因素，目前可行的思路还是从程序法事实裁判和证明的角度来开辟审判中心主义的第二路径，推动司法权对侦查行为的监督。

第二节　程序法事实（项）的裁判与证明

审判中心主义改革的第二路径，就是推进针对程序法事实（项）的司法审查的开展，推动司法裁判权向程序法事实（项）领域和审前阶段这两个方向的扩张和延伸，其主要形式就是程序法事实的裁判和证明。

在现代刑事诉讼中，程序法事实扮演着越来越重要的作用。随着 2010 年《非法证据排除规定》的出台、2012 年《刑事诉讼法》的修改，以及此后一系列司法解释的颁布，我国第一次出现了程序性裁判机制，针对非法证据排除这一程序法事项的制度化的司法审查程序第一次在我国刑事诉讼法律体系中出现，程序法事实由此成为不同于实体法事实的新的裁判对象（审判对象）。程序性裁判的初步确立，也因此使程序法事实证明①第一次有了用武之地，第一次能够在实然状态下被运用，由此，程序法事实也成为不同于实体法事实的新的证明对象。而新的刑事诉讼法律关系因程序性裁判和程序法事实证明的出现而出现，新的刑事诉讼法律关系客体因新的裁判对象（审判对象）和证明对象的形成而形成。今日之程序法事实于中国刑事诉讼而言，同时担当着三个重要的角色——新的裁判对象（审判对象）、新的证明对象和新的刑事诉讼法律关系客体。程序法事实的三个载体——程序性裁判（程序法事实裁判）、程序法事实证明和程序性裁判法律关系（程序法事实裁判法律关系）于今日中国之刑事诉讼发挥着昨日不可想

---

① "程序法事实证明"这一概念由笔者在其博士学位论文《程序法事实证明研究》中提出，并对这一问题进行了成体系的论述。程序法事实证明，是在刑事诉讼审前阶段或审判阶段，控方或辩方依照司法审查的要求提出证据，就某一程序法事实的性质问题，向裁判方进行的论证说服活动。

象的巨大作用。①

一、程序法事实发挥作用的三个维度

前文已述，程序法事实存在三个载体——程序性裁判（程序法事实裁判）、程序法事实证明和程序性裁判法律关系（程序法事实裁判法律关系），在刑事诉讼中，程序法事实正是从这三个维度发挥着重要的作用。

（一）程序性裁判（程序性事实裁判）②

程序性裁判，即程序法事实裁判。在我国，法院的司法裁判权仅限于审判阶段，不能在审前阶段行使，同时，大多数重要的程序法事项不属于其裁判对象。③ 程序性裁判（司法审查之诉）将法院的司法权延伸到了审前领域和程序法事项领域。④ 程序性裁判提供了程序法事项裁决的理论依据，有利于遏制程序性违法行为，规范侦查、起诉和审判机关公权力的行使，解决广大民众所关注的司法腐败问题。

（二）程序法事实证明

程序法事实证明把传统的刑事证明从实体法领域拓展到程序法领域，使大量的程序法事项成为证明理论发挥作用的新的对象。程序法事实证明和实体法事实证明组成了刑事证明的完整体系，使证据法学的内涵得以拓展，指导司法实践的价值大大增强。由于诉讼（审判）与证明的紧密联系，程序法事实证明为程序性裁判提供了证明基础，为司法审查之诉在我国的确立提供了证明理论支持。

---

① 本节内容详见马可：《程序法事实证明的概念、适用、实质与意义》，《中国刑事法杂志》2013 年第 7 期。马可、闫奕铭、李京涛：《程序法事实的三维度分析——新的证明对象、裁判对象和刑事诉讼法律关系客体》，《中国人民公安大学学报（社会科学版）》2014 年第 1 期。

② 程序性裁判，即程序法事实裁判，本书为了便于论述和理解，会交替使用"程序法事实裁判"与"程序性裁判"这两个概念。

③ 上级法院对下级法院的程序性违法行为可以加以裁判，但一般而言对在审判阶段提出的有关审前侦检行为违法之类的程序法事项却无权裁判。在侦查阶段、审查起诉阶段和审判阶段，存在着大量的程序法请求事项，如取保候审、监视居住、搜查、冻结、秘密监听等。这些事项更是由侦查机关或检察机关自行决定。

④ 由于侦检机关的程序性违法行为主要发生在审前阶段，因此对这些程序法事项的事后司法审查实际上也同时是针对审前阶段诉讼行为的司法审查。虽然针对侦检机关诉讼行为性质的司法审查本身可能在审判阶段进行，但这种司法审查针对的程序法事项却是实实在在的审前诉讼行为。而法院对控辩双方程序法请求事项的事前司法审查，更是直接将法院司法裁判权延伸至审前阶段，完全改变了法院仅仅在审判阶段行使审判权，而不直接介入审前阶段的传统态势。

（三）程序性裁判法律关系（程序法事实裁判法律关系）

程序性裁判法律关系，即程序法事实裁判法律关系。程序性裁判（司法审查之诉）的出现导致程序性裁判法律关系的形成。程序性裁判法律关系和传统的刑事诉讼法律关系组成了刑事诉讼法律关系的完整体系。程序性裁判法律关系的形成又导致程序法事实客体的出现，程序法事实客体和传统的实体法事实客体组成了刑事诉讼法律关系客体的完整体系。程序性裁判法律关系和程序法事实客体把传统的刑事诉讼法律关系和刑事诉讼法律关系客体从实体性领域拓展到程序性领域。这两者可以有力地支持程序性裁判理论和程序法事实证明理论，为这两个理论从刑事诉讼基本范畴角度提供较为坚实的基础理论支撑，在刑事诉讼本质属性的认知上达到知其然知其所以然的效果。

二、程序法事实概述

（一）程序法事实

实体法事实，是与被告人定罪量刑有关的事实，与其相近的概念是案件事实、公诉事实和犯罪事实。根据《最高人民法院关于适用〈中华人民共和国刑事诉讼法〉的解释》第64条规定，实体法事实（案件事实）包括：①被告人的身份；②被指控的犯罪行为是否存在；③被指控的行为是否为被告人所实施；④被告人有无罪过，行为的动机、目的；⑤实施行为的时间、地点、手段、后果以及其他情节；⑥被告人的责任以及与其他同案人的关系；⑦被告人的行为是否构成犯罪，有无法定或者酌定从重、从轻、减轻处罚以及免除处罚的情节；⑧其他与定罪量刑有关的事实。其中，有关犯罪构成要件的事实最为重要，包括是否构成犯罪和构成何罪；其次是排除刑事责任的事实；最后是与量刑有关的事实。

除了上述与犯罪嫌疑人、被告人定罪量刑有关的实体法方面的事实外，刑事诉讼中还要解决的是涉及刑事诉讼程序方面的事实。程序法事实，也可称为程序法事项、程序性事实或程序性事项，是指涉及当事人诉讼权利义务、在诉讼程序上具有法律意义的事实。① 程序法事实关系到诉讼主体的诉讼行为是否正确、合

---

① 在本书中，程序法事实与程序法事项是两个通用的概念，为了便于论述和理解，笔者有时用"程序法事项"代替"程序法事实"。与程序性裁判和程序法事实证明相关的事实或事项，只能是比较重要的程序法事实或事项。

法，不仅关系到实体法事实是否存在及其真伪问题，而且关系到裁判是否正确的问题。①

（二）程序法事实的种类

程序法事实可分为程序法争议事实和程序法请求事实，程序法争议事实也可称为程序法争议事项，程序法请求事实也可称为程序法请求事项。②

程序法争议事实（项）是指就某一程序法事实（项）的性质问题（该事项是否符合法定要求），控辩双方存在相对立的诉讼主张，需要通过程序性裁判③加以确认或进行选择的重大程序法事项。程序法争议事实（项）可分为程序性违法引发的程序法争议事实（项）和非程序性违法引发的程序法争议事实（项）。

程序性违法引发的程序法争议事实（项）是指由于存在程序性违法的可能，引发控辩双方针对该事项性质相对立的诉讼主张，需要通过程序性裁判对性质加以确认的重大程序法事项。程序性违法引发的程序性争议事实（项）包括侦查行为性质争议事项、起诉行为性质争议事项和审判行为性质争议事项。非法证据排除是程序性违法引发的程序性争议事实（项）的典型代表。④

非程序性违法引发的程序法争议事实（项）是指存在不属于程序性违法的程序性争议，引发控辩双方针对该事项相对立的诉讼主张，需要通过程序性裁判

---

① 王敏远、熊秋红：《刑事诉讼法》，社会科学文献出版社 2005 年版，第 167－168 页。
② 程序法争议事实和程序法请求事实，这一组概念是对应着"实体法事实"这个既有概念提出的。有些时候，将它们称为程序法争议事项和程序法请求事项，可能更便于论述和理解。程序法争议事实和程序法请求事实的分类是从刑事证明对象角度的表述，更多地关注程序法事项的本质。程序法争议事项和程序法请求事项的分类，是从司法审查对象或程序性裁判对象角度的表述，对应着司法审查之诉和程序性裁判，更多地关注程序法事实的形式。本书中，前者和后者可以通用，视论述的角度选择使用。闵春雷教授将程序法争议事实和程序法请求事实，称为程序性争议事项或程序性请求事项，其精彩论述参见闵春雷、杨波、徐阳等：《刑事诉讼基本范畴研究》，法律出版社 2011 年版，第 24 页。
③ 程序性裁判和程序性制裁的一系列概念，参见陈瑞华：《刑事诉讼的前沿问题》，中国人民大学出版社 2006 年版。
④ 程序性违法引发的程序性争议事实（项）涉及面很广，现以侦查行为性质争议事项和审判行为性质争议事项为例，简要介绍如下：侦查行为性质争议事项包括（违法）拘留争议、（违法）逮捕争议、（违法）扣押争议、（违法）冻结争议等。审判行为性质争议事项包括公开审判（违法）争议、剥夺或者限制。法定诉讼权利争议、审判组织组成（违法）争议等。

进行选择的重大程序法事项。主要包括未决羁押的决定、延长和解除、回避争议①以及刑事案件管辖异议等事项。

程序法请求事实（项）可分为控方提出的程序法请求事实（项）和辩方提出的程序法请求事实（项）。控方程序法请求事实（项），是控方对实施某一程序法事项提出的请求，多为申请采取强制性措施。②辩方程序法请求事实（项）是辩方对实施某一程序法事项提出的请求，主要是申请恢复诉讼期限、证据保全等。

三、新的程序性裁判和新的裁判对象

（一）新的裁判对象——程序法事实

在传统理论中，法院司法裁判的对象只有一个，那就是被告人的定罪量刑问题，也就是被告人的行为是否构成犯罪，依照刑法应当给予何种处罚。此时的司法裁判解决的问题是实体法问题，其性质归属自然也是实体性裁判。随着西方国家宪法、行政法领域的司法审查制度应用于刑事诉讼法领域，法院的司法裁判对象增加了新的内容。③在宪法领域，司法审查针对的是违宪行为，即对宪法违法行为进行审查；在行政法领域，司法审查针对的是行政违法行为，即对行政违法行为进行审查。无论是哪个领域的审查，一般多以"民告官"的形式存在，由公民、法人或其他组织提起对违宪行为或行政违法行为的司法审查之诉，通过法院的司法审查，评价立法机关立法行为、行政机关行政行为的法律效力，对违宪行为和行政违法行为加以纠正或救济。刑事诉讼中的司法审查针对的对象是刑事程序法违法行为，即程序性违法行为，自然也应以"民告官"的形式存在，由

---

① 笔者认为，单纯的回避申请应属于辩方程序法请求事项，但当回避申请引发程序性争议（即就是否应当适用回避双方存在相反主张），需要控辩双方各自证明其主张时，该程序性事项就从单纯的回避申请事项变成了回避争议事项，成为非程序性违法引发的程序法争议事项。

② 强制性措施代指我国刑事诉讼法规定的5种强制措施和强制措施以外的搜查、监听等其他强制性措施。

③ 在宪法领域，司法审查针对的是违宪行为，即对宪法违法行为进行审查；在行政法领域，司法审查针对的是行政违法行为，即对行政违法行为进行审查。无论是哪种领域的审查，一般都以"民告官"的形式存在，由公民、法人或其他组织提起对违宪行为或行政违法行为的司法审查之诉，通过法院的司法审查，评价立法机关立法行为、行政机关行政行为的法律效力，对违宪行为和行政违法行为加以纠正或救济。

当事人（公民、法人或其他组织）提起对程序性违法行为的司法审查之诉。[①] 通过法院的司法审查，审查侦查机关、检察机关乃至审判机关诉讼行为的性质，评价侦查行为、检察行为，乃至法院审判行为的法律效力，对侦查违法行为、检察违法行为和审判违法行为加以纠正或救济。

随着"二战"后现代司法审查制度在刑事诉讼领域的正式确立，由法院受理司法审查之诉，对刑事诉讼行为的性质进行审查，便逐步形成了完善的制度。我们耳熟能详的程序性裁判、程序性后果（程序性制裁）[②] 和程序性辩护等概念正是我国学者对西方法治国家司法审查制度的抽象描述。[③] 司法审查制度在刑事诉讼领域的运用，给司法裁判对象的内涵和外延都带来了巨大的变化。从此之后，法院司法裁判的对象就不再仅仅是被告人罪与罚的实体法问题，由程序性违法引发的侦查、起诉、审判机关的诉讼行为性质争议这种程序法问题也正式成为法院司法裁判的对象。这就意味着对程序性违法行为的司法审查之诉和对实体性犯罪行为的定罪量刑之诉一起成为法院司法裁判的对象，不仅是公民、法人或其他组织的犯罪行为可以成为司法裁判的对象，承担刑事实体法实施的侦查、起诉，审判机关的程序性违法行为也可以成为司法裁判的对象。这种变化具有划时代的意义，它使刑事诉讼法不再只是确保刑事实体法实施的程序法，同时也成为确保刑事诉讼本身依法进行的程序法。

（二）新的裁判——程序性裁判

1. 程序性裁判的定义

程序性裁判的提法始见于我国台湾学者林山田、张丽卿等的著作中，又称形

---

① 笔者认为，对程序性违法引发的程序性争议事实（项）的裁判可以称为狭义的程序性裁判或者狭义的司法审查之诉，而对非程序性违法引发的程序法争议事实（项）、控方提出的程序法请求事实（项）和辩方提出的程序法请求事实（项）的裁判，可以称为广义的程序性裁判。狭义的程序性裁判或者狭义的司法审查之诉，具备了最完备的特征和代表性，是程序性裁判或者司法审查之诉的典型代表。

② 程序性后果理论由王敏远研究员首先提出，程序性制裁理论由陈瑞华教授提出，两者基本相同。侦查、起诉和审判机关的程序性违法行为会引发相应的程序性后果，这种后果可能是非法证据被排除（英美法系国家），也可能是诉讼行为被宣告无效（大陆法系国家），也就是受到程序性制裁。

③ 程序性裁判是对司法审查的抽象描述，是对英美法系和大陆法系司法审查类制度的整体抽象，刑事诉讼中的司法审查与程序性裁判互为表里，是从不同角度对同一事物的描述。详见后文论述。

式裁判、诉讼裁判。① 国内则最先见于陈瑞华教授的《司法权的性质》《刑事侦查构造之比较研究》等论文②，其所下定义为"程序性裁判是司法机关就诉讼中所涉及的事项是否合乎程序规则所进行的裁判活动"。

2. 程序性裁判与实体性裁判的联系与区别

程序性裁判是相对于实体性裁判的一个概念。它独立于实体性裁判存在，被形象地称为"案中案""诉中诉"，它与实体性裁判的联系与区别如下：

（1）实体性裁判的对象是实体法事实，是与犯罪构成要件相关的事实，程序性裁判的对象是程序法事实，是与定罪量刑无关的事实。实体性裁判解决的问题是被告人是否有罪的问题，程序性裁判解决的是公权力机关的诉讼行为是否合法等问题。在实体性裁判中，控方由检察机关担当，公安机关支持检察机关的公诉行为，辩方由被告人及其法定代理人、辩护人、附带民事诉讼的诉讼代理人组成。控方提出诉讼主张指控被告人有罪，处于攻击地位；辩方处于被指控和追诉的地位，为防御一方。而在程序性裁判中，辩方（被告人及其法定代理人、辩护人、附带民事诉讼诉讼代理人）提出诉讼主张，"指控"控方（公诉机关或侦查机关）程序违法，处于攻击地位；控方则处于被"指控"的地位，为防御一方。也就是说，程序性裁判中控辩双方的地位和职能与实体性裁判中控辩双方的地位和职能恰恰相反。

（2）程序性裁判组织与实体性裁判组织在某些情况下由同一审判组织担任，但在大多数情况下彼此独立并不重合。在法庭开始实体性裁判后，对程序性违法行为的裁定只能由同一实体性裁判组织完成。但是在实体性裁决开始前（审前阶段），对程序性违法行为的裁判一般由另一审判组织，即专门的程序性裁判组织负责。如法国由预审法官负责，德国由侦查法官负责，英国则由治安法官负责。

（3）程序性裁判和实体性裁判一样，也要遵循证据调查程序，遵守证据裁判原则；一般情况下，也存在独立的控辩双方和控辩审三主体结构。但程序性裁判的证据调查程序不如实体性裁判严格，因程序性裁判涉及的事项不同而或繁或

---

① 参见林山田：《刑事诉讼法》，汉荣书局有限公司1981年版，第235页；张丽卿：《刑事诉讼法理论与运用》，台湾五南图书出版股份有限公司2000年版，第332页。

② 王敏远老师提出的程序性辩护/程序性后果理论和陈瑞华老师提出的程序性裁判/程序性制裁理论，两者具有异曲同工之妙。

简，证明方法整体上以完全自由证明为主，但对某些重要程序法事项不排除适用接近严格证明的相对自由证明。①

（4）实体性裁判只有控辩审三方司法裁判的一种形式。但程序性裁判则有控辩审三方的完整形式和只存在控审与辩审两方的不完整形式，分别针对不同的程序法事项。如程序法争议事实（项）应由完整形式的程序性裁判解决，以控辩审三方司法裁判形式进行；而程序法请求事实（项）则可以不完整形式的程序性裁判解决，以控审或辩审两方司法审查形式进行。

（三）程序性裁判和司法审查之诉

司法审查和程序性裁判实际上是同一个事物的两个方面。② 司法审查之诉实际上也就是程序性裁判。

司法审查更多体现出法律制度的外在特征，而程序性裁判则更多是对这种制度进行本质的描述。司法审查的实质，就是通过对诉讼行为性质的司法评价来防止侦查、起诉乃至审判等公权力的滥用和保障被告人权利的行使，而这种司法裁决不是与定罪量刑有关的实体性裁决，是对程序法事实（项）的裁决，也就是程序性的裁判。可以说，司法审查原则是程序性裁判理论据以提出的重要基础，而程序性裁判恰恰是对司法审查制度的本质描述。司法审查的实质就是程序性裁判，程序性裁判的形式就是司法审查。总体而言，司法审查和程序性裁判就是"老虎"和"大虫"的关系。

四、新的程序法事实证明和新的证明对象

（一）新的证明对象——程序法事实

司法实践中，刑事证明不仅针对实体法事实进行，也同样针对程序法事实进

---

① "所谓的自由证明，在程度上并非为完全的自由，只能认为属于免除严格证明要件之全部或一部分而已。"换言之，自由证明的具体运用既可能在所有方面不同于严格证明——可以称为"完全自由证明"，例如对多数程序法事实的证明；也可能只在某些方面不同于严格证明，而在其他方面与严格证明无异——可以称为"相对的自由证明"，例如对非法证据排除等重要程序法事实的证明。详见马可：《程序法事实证明研究》，中国人民公安大学 2011 年博士学位论文；康怀宇、康玉：《刑事程序法事实的证明方法——自由证明及其具体运用的比较法研究》，《社会科学研究》2009 年第 3 期，第 112 – 113 页。

② 司法审查原则体现了程序正义原则和司法权保障原则，而程序性裁判亦然。司法审查原则侧重于对侦检机关的行政性质公权力进行控权，而程序性裁判侧重于司法权在程序问题和审前阶段的扩张。两者都是程序正义原则和司法权保障原则的制度化反映，只是侧重点和着眼点不同。

行。比如，非法证据排除问题就是典型的针对程序法事实的证明。非法证据排除解决的问题是某一证据材料是否具有证据能力的问题，也就是证据材料合法性的问题。① 它无关被告人的定罪量刑，显然不是实体法事实的证明问题，但是对这一问题的裁决显然又不能以简单的"行政审批"的方式进行。辩方认为某一证据材料不具有证据能力，即不具有合法性，不是仅仅提出主张即可，而是要对"该证据材料不具有合法性"的命题进行一定程度的证明。而控方如果认为该证据材料具有合法性，也不能仅仅向法庭表明态度，而应当对"该证据材料具有合法性"的命题进行充分的证明。无论是辩方的"证明"还是控方的"证明"都是货真价实的"证明"，都包含刑事证明的一系列要素，遵循刑事证明的相应规则，而这种证明又显然不属于实体法事实的证明。所以说，程序法事实同样是诉讼证明的对象，程序法事实证明也是诉讼证明的组成部分。

（二）新的证明——程序法事实证明

程序法事实证明是与实体法事实证明相对应的概念，两者是以证明对象的性质为标准进行区分的。以实体法事实为证明对象的谓之实体法事实证明，以程序法事实为证明对象的谓之程序法事实证明。

程序法事实证明，是在刑事诉讼审前阶段或审判阶段，控方②或辩方③依照司法审查的要求提出证据，就某一程序法事实的性质问题，向裁判方进行的论证说服活动。程序法事实证明是对程序法争议所涉及事实和程序法请求所依据事实进行证明（或证伪）的活动，关系到程序性违法的认定和诉讼行为的启动。④

程序法争议事实（项）的证明和程序法请求事实（项）的证明有所区别。是否存在控辩双方的程序法争议和是否在完整的程序性裁判结构中进行证明是二者区分的标准。存在控辩双方的程序法争议，并需要在完整的控辩裁三方程序性

---

① 这一问题学界一般称为"证据合法性"问题，其实质是取证行为的性质是否符合成立、有效、合法或有理由要求的问题。

② 此处控方应作广义理解，包括提起公诉的检察机关和支持检察机关公诉的侦查机关，但缘于本书研究重点是侦查、检察机关的公权力行为，故而此处不包括刑事自诉案件的自诉人。

③ 辩方包括被告人（犯罪嫌疑人）及其法定代理人、辩护人。

④ "程序法事实证明"这个概念是对应着"实体法事实证明"这个既有概念提出的。也许将"程序法事实的证明"称为"程序法事项的证明"，更便于论述和理解，但因为对既有法学概念的尊重和约定俗成的对应关系，笔者仍以"程序法事实证明"作为这一概念的名称，并在此处略加解释，以免造成歧义。

裁判结构中进行证明的，是程序法争议事实（项）的证明。不存在控辩双方的程序法争议，只存在控方或辩方的单方程序法请求，只需要在不完整的控裁或辩裁两方程序性裁判①结构中进行证明的，是程序法请求事实（项）的证明。

程序法事实证明问题是一个尚未被探索的领域。一方面它是对实体法事实证明的扩展，与实体法事实证明拥有共同的证明理论基础，遵循共同的证明规则；另一方面又与实体法事实证明在证明对象、证明责任、证明标准和证明方法等一系列证明要素中存在着差异。

（三）程序性裁判（司法审查）与程序法事实证明

证明总是与诉讼相伴而生，诉讼是证明的前提，证明是诉讼的基础，没有诉讼的机制和结构，证明是无本之木、无源之水。因此，探讨程序法事实证明的前提是必须有程序性裁判制度，即必须存在司法审查之诉。无论是实体性裁判还是程序性裁判，都要建立在证明的基础上。控方或辩方作为证明主体举出证据材料对诉讼主张进行证明，裁判方作为认证主体对证据进行调查，在认证的基础上作出裁判。实体性裁判建立在实体法事实证明的基础上，程序性裁判建立在程序法事实证明的基础上。因此，只要存在程序性裁判（司法审查之诉），就必然需要程序法事实证明。随着《非法证据排除规定》出台和《刑事诉讼法》修改，我国第一次出现了程序性裁判机制，针对非法证据排除这一程序法事项的制度化的司法审查程序第一次在我国刑事诉讼法律体系中出现，也因此使程序法事实证明第一次有了用武之地，第一次能够在实然状态下被运用。

五、新的刑事诉讼法律关系和新的客体

（一）刑事诉讼法律关系和刑事诉讼法律关系客体②

1. 刑事诉讼法律关系

刑事诉讼法律关系是由德国学者首先提出的一个基础性的概念。按照德国学者的观点，刑事诉讼从开始到终止的整个过程中，各诉讼主体之间必然会发生一系列权利义务关系。对于这种不同于刑事实体法上权利义务关系的法律关系，德

---

① 不完整的程序性裁判，也可称为准程序性裁判。

② 相对于新的刑事诉讼法律关系和新的刑事诉讼法律关系客体，笔者在此处介绍的可以称为传统的刑事诉讼法律关系和传统的刑事诉讼法律关系客体。

国学者称之为"刑事诉讼法律关系"。[1]

2. 刑事诉讼法律关系客体

刑事诉讼的核心任务就是要正确适用刑罚权，而正确适用刑罚权的前提就必须是明确被告人的刑事责任，查清案件事实。换句话说，就是必须查清刑事诉讼法律关系客体，这项活动贯穿于整个刑事诉讼过程中。

为了实现诉讼目的，刑事诉讼法律关系主体的诉讼活动总是围绕着特定对象进行的，无论是司法机关、诉讼参加人还是其他诉讼参与人的诉讼活动都概括性地共同指向这一对象，即刑事诉讼法律关系客体。刑事诉讼法律关系客体的存在，是刑事诉讼法律关系得以产生和发展的直接依据。

刑事诉讼法律关系客体就是刑事诉讼法律关系主体的权利义务所指向的对象[2]，也就是刑事诉讼法律关系主体实施诉讼行为、进行刑事诉讼活动所指向的对象。其外延概括性地包括案件事实（或公诉事实）和法律评价（或法律责任）。

（二）新的刑事诉讼法律关系——程序性裁判法律关系[3]

在传统的刑事诉讼法律关系中（实体性裁判或实体法事实裁判中），刑事诉讼法律关系的主体是公安司法机关和被告人。公安司法机关拥有依照刑事实体法追究犯罪实现国家刑罚权的权力，而被告人则负有承受公安司法机关侦查、起诉和审判的义务，在被确定有罪并需承担刑事责任时还负有承受国家刑罚的义务。在法律关系中，权利（力）和义务应当对等，权利（力）对应着义务，义务也

---

[1]　所谓刑事诉讼活动是审判机关、检察机关和侦查机关在当事人以及诉讼参与人的参加下，依照法定程序解决被追诉者刑事责任问题的诉讼活动。在整个刑事诉讼活动中，既要受到实体性法律规范的限制，又要遵守程序性法律规范的规定，因此在刑事诉讼活动中存在着实体层面和诉讼层面的两种法律关系。实体上的刑事诉讼法律关系也称为实体上的刑罚权关系，即国家与被告人之间具体的刑罚权关系。因为被告人曾经实施了符合犯罪构成的行为，触犯了刑法规定，国家有权对其行为定罪并处刑罚。除了以上所论述的实体上的刑事诉讼法律关系以外，在刑事诉讼案件中检察官、被告人、法官及其他诉讼参与人之间也存在着由控、辩、裁三者共同构成的诉讼法律关系。简单来说，它是以实体刑事诉讼法律关系发生为前提、实现刑罚权为目的的法律关系。实体上与程序上的刑事诉讼法律关系是相辅相成的。通过诉讼的方式实现刑罚权，第一步就是提起公诉，由检察官将被告人及其犯罪事实诉至法院，启动审判程序。一旦起诉，便是将实体法律关系（刑罚权关系）置于诉讼程序中，由此实体上与程序上的刑事诉讼法律关系得以形成，因此，提起公诉也可以看作发生诉讼法律关系的前提。

[2]　参见王敏远：《刑事诉讼法学》，知识产权出版社2013年版。

[3]　即程序法事实裁判法律关系，是与程序法事实裁判和程序法事实证明相对应的概念，本书为了便于论述和理解，会交替使用"程序性裁判法律关系"与"程序法事实裁判法律关系"这两个概念。

对应着权利（力）。但是在传统的刑事诉讼法律关系中，人们长期以来却忽视了这种对等，只注重国家机关对被告人追诉的权力，以及被告人承受追诉和国家刑罚的义务。却长期忽视了被告人在刑事诉讼中对等的权利，以及国家公权力机关在刑事诉讼中对等的义务。

在刑事诉讼法律关系中被告人履行上述义务的前提是自身人身权，甚至自由权、生命权的让渡。既然被告人让渡了这些宪法赋予其的公民基本权利以尽刑事诉讼法律关系中之义务，那么其显然有资格要求最低限度的对等权利，也就是自我救济的权利。辩护权是一种自我救济的权利，但却是一种被动的救济权，还远远无法弥补被告人宪法权利让渡的损失。因此，要求公安司法机关依法追究犯罪，依法实施诉讼行为，在上述公权力机关违法追究犯罪，违法实施诉讼行为时要求该机关承担程序性后果（或程序法后果）①，宣告其诉讼行为无效或依其诉讼行为取得的成果无效（如非法证据排除）就成为被告人理所当然之对等权利。

刑事实体法规范规定了各种犯罪的法律模式假设，同时规定了该种犯罪的法律后果（实体性法律后果或实体法后果）。但是，刑事实体法只是静态的法律规范，如果想实现实体性法律后果，必须要通过公安机关、检察机关和审判机关具体的诉讼行为（侦查行为、公诉行为和审判行为）来实现，也就是依据刑事诉讼法（刑事程序法）来实现。因此，从这个意义上讲，刑事诉讼法是实施刑法的法，是动态的法。

在实施刑事实体法的过程中，刑事诉讼法又对公安司法机关追求刑法规范实现的具体的刑事诉讼行为加以约束和规范，要求公安司法机关依照诉讼法实现国家刑罚权，依照诉讼法实施诉讼行为。长期以来，我国刑事诉讼理论界和实务界对刑事诉讼运行的本质研究就到此为止。其实，对刑事诉讼运行的分析还应进一步展开。刑事诉讼法对公安司法机关诉讼行为的指导性规范、授权性规范、选择性规范和禁止性规范相对于刑事实体法的实现而言是程序性规范，而相对于执行机关和司法机关而言则是必须遵守的"实体性"规范。如果不遵守这些"实体性"的程序法规范，就会产生相应的法律后果——程序性后果。那

---

① 程序性后果这一概念由王敏远研究员提出，也可称为程序法后果，即对警察、检察官、法官所实施的程序性违法行为实施程序性制裁。

么，如何使这些程序性后果得以实现呢？实体性后果或实体法后果实现的途径是我们熟悉的以追求实体性后果的实现（国家刑罚权的实现）为目的的实体法问题裁判（一般意义或传统意义上的刑事诉讼或刑事审判）。那么，程序性后果实现的途径就是以追求程序性后果的实现（程序性制裁的实现①）为目的的程序法问题裁判。

"程序性裁判"正是上文所提及的以追求程序性后果的实现为目的的"程序法问题裁判"。在程序性裁判中，被告人提出实现程序性后果的诉讼主张②，由法官对"被诉"诉讼行为（程序法事实）进行司法审查，在确定公安司法机关违反刑事诉讼法的基础上，由该机关承担程序性后果（宣告诉讼行为无效或依该诉讼行为取得的成果无效）。

（三）新的刑事诉讼法律关系客体——程序法事实客体

在程序性裁判中，诉讼法律关系的主体仍然是公安机关、检察机关、审判机关和被告人，其权利义务的侧重点却与传统的刑事诉讼法律关系刚好相反。被告人在公安司法机关不遵守依法追诉或依法实施诉讼行为的义务时拥有要求对方承担程序性后果的权利。而公安司法机关则有承受对其"被诉"诉讼行为合法性进行司法审查或程序性裁判的对等义务；在确定负有程序性违法的法律责任时，承受程序性后果（程序性制裁）的对等义务。诉讼行为的合法性事项，典型者如证据收集合法性事项，也就是大家耳熟能详的非法证据排除问题，属于典型的程序法事实（项）。在审判阶段，刑事诉讼法律关系客体的外在形式可以理解为审判对象或裁判对象。审判对象或裁判对象是审判（或裁判）活动所针对的对象，刑事诉讼法律关系客体与其是抽象与具体、实质与形式的关系。③程序性裁判的裁判对象是程序法事实，在程序性裁判确立后，新的刑事诉讼法律关系随之出现，此时程序法事实自然成为这个新的刑事诉讼法律关系中的新客体。

为了区别传统的刑事诉讼法律关系（与定罪量刑相关的实体性裁判法律关系），笔者认为可以将在程序性裁判中形成的法律关系称为程序性裁判法律关系。

---

① 如宣告诉讼行为无效，或排除非法证据。

② 被告人提出实现程序性后果的诉讼主张，这种方式学界称为"程序性辩护"。

③ 参见马可：《刑事诉讼法律关系客体研究》，方志出版社 2013 年版。

为了区别传统的刑事诉讼法律关系客体（与定罪量刑相关的实体法事实客体），笔者认为可以将程序性裁判法律关系中的客体称为程序法事实客体。

程序法事实是否属于刑事诉讼法律关系客体的范畴一直是客体概念问题中存在的争议。近年来，对程序性违法进行司法审查，日益受到理论界和实务界关注。笔者认为，在刑事诉讼中不仅存在着定罪量刑之诉（实体性裁判），而且存在着司法审查之诉（程序性裁判）。程序性裁判是继实体性裁判之后司法机关的第二种类型的裁判。刑事诉讼法律关系客体研究能够反映刑事诉讼中司法机关裁判对象的新变化。如果在以解决违反刑事实体法的法律后果问题为目的的传统的刑事诉讼法律关系之外，还存在着以解决违反刑事程序法的法律后果问题为目的的新的刑事诉讼法律关系——司法审查之诉（程序性裁判）产生的法律关系，那么，在新的刑事诉讼法律关系中就应该存在新的程序法事实客体。

程序性裁判相当于刑事诉讼中的"行政诉讼"。行政诉讼的本质就是行政相对人对行政机关实施的行政行为的合法性产生质疑而提起的诉讼，程序性裁判与此非常相似，也是被告人对侦查、起诉、审判机关实施的诉讼行为的合法性产生质疑而提起的"诉讼"。在行政诉讼中，实行举证责任倒置，由行政机关证明自己的行政行为具有合法性，行政诉讼的提起者（行政相对人）不负有举证责任。在程序性裁判中，也同样实行举证责任倒置，由侦查、起诉、审判机关证明自己的诉讼行为具有合法性。与传统的刑事诉讼法律关系客体不同，程序性裁判法律关系中的程序法事实客体是侦查、公诉和审判等诉讼行为的合法性问题。那么传统的刑事诉讼法律关系客体与程序法事实客体是什么关系呢？笔者认为，应该是主从关系。因为程序性裁判法律关系不是必然存在的，当公安机关、检察机关和审判机关的诉讼行为都合法时，或者虽然不合法但是被告人对该诉讼行为不提起司法审查要求时就不会发生程序性裁判，也就不会产生程序性裁判法律关系，更谈不到程序法事实客体。①

---

① 本节内容详见马可、闫奕铭、李京涛：《程序法事实的三维度分析——新的证明对象、裁判对象和刑事诉讼法律关系客体》，《中国人民公安大学学报（社会科学版）》2014 年第 1 期。马可：《程序法事实证明的概念、适用、实质与意义》，《中国刑法杂志》2013 年第 7 期。

六、程序法事实（项）的分类

（一）程序性违法引发的程序法争议事实（项）

由程序性违法引发的程序法争议事实（项）包括侦检行为①合法性争议（侦查行为或检察行为合法性争议）和审判行为合法性争议。程序性违法引发的程序法争议事实（项）一般是由于滥用侦查权导致的诉讼行为合法性争议，多为与侦查、检察机关的程序性违法行为相关的事项。侦检行为合法性争议事项可分为违法取证行为和违法实施的其他侦检行为两类。违法取证行为包括获取言词证据的违法取证行为和获取实物证据的违法取证行为。违法实施的其他侦检行为顾名思义包括违法取证行为之外的违法实施的其他侦检行为，包括违法拘留、违法逮捕、违法扣押、违法冻结等，在今后可能还会出现违法羁押②等。

（二）非程序性违法引发的程序法争议事实（项）

程序法争议事实（项）包括但不仅限于程序性违法引发的程序法争议事实（项），实际上还可以包括非程序性违法引发的程序法争议事实（项）。非程序性违法引发的程序法争议事实（项）可包括未决羁押的决定、延长和解除与回避争议以及刑事案件管辖异议这三种事项。这三种事项在本质上属于广义的程序法请求事实（项），但因存在控辩双方的程序性争议，且关乎当事人重大诉讼利益，并可能对实体法事实裁判产生一定影响，故而笔者认为应当将其归入程序法争议事实（项）。同时，这三种事项的证明一般在完整形式的程序性裁判中完成，即存在三方主体，两个方向相反的证明，符合程序法争议事实（项）证明的一般特征。故而虽不存在程序性违法，笔者认为也应当将其纳入程序法争议事实（项）证明的范畴中。为区别以非法证据排除为代表的程序性违法引发的程序法争议事实（项）的证明，此类事项的证明可称为非程序性违法引发的程序法争议事实（项）的证明。

---

① 为表述方便，本书将侦查机关和检察机关合称为侦检机关，将侦查行为和检察行为合称为侦检行为。

② 在今后逮捕和羁押分离后，可能还会出现违法羁押的问题。

（三）控方程序法请求事实（项）

控方的程序法请求事实（项）① 多为强制措施和强制性措施，或曰强制性侦查行为，如申请逮捕、申请搜查、申请秘密监听等。控方程序法请求事实（项）成为程序法事实证明的对象，意味着侦检机关实施上述强制性侦查行为前，必须对实施该强制性侦查行为的合法性进行证明。目前，我国仅在侦查机关采取逮捕措施前需要向外部审查机关提出申请，而采取取保候审、监视居住、搜查、扣押、秘密监听等措施前都不需要向外部审查机关提出申请，只由本机关进行内部行政审批。要求侦检机关，特别是侦查机关遵循司法审查原则，对其程序法请求事实（项）进行程序法事实证明，应该是我国法治现代化建设的必由之路。

（四）辩方程序法请求事实（项）

狭义的辩方程序法请求事实（项）应包括申请恢复诉讼期间、申请证据保全和申请证据调取等。广义的辩方程序法请求事实（项）还应包括未决羁押事项、回避争议事项以及刑事管辖异议事项。实际上非程序性违法引发的程序法争议事实（项）与辩方程序法请求事实（项）的界限有时难以分清，大多数非程序性违法引发的程序法争议事实（项）都由辩方提出，而辩方提出该事项时，该事项往往以辩方程序法请求事实（项）的形式存在，在为裁判方接纳并确认为程序性争议后才以程序法争议事实（项）的形式存在。也就是说，大多数非程序性违法引发的程序法争议事实（项）其实都是以辩方提出的程序法请求事实（项）为基础的，或者说大多数非程序性违法引发的程序法争议事实（项）的实质就是辩方程序法请求事实（项）。无论是广义上的辩方程序法请求事实（项）还是狭义上的辩方程序法请求事实（项），都体现了辩方的刑事诉权。

---

① 广义的控方包括侦查机关和检察机关，控方的程序性请求事项包括侦查机关和检察机关各自的程序性请求事项。

第三节　程序法事实裁判与证明对司法改革的意义

一、程序法事实裁判与证明提供了程序法事项裁决的理论依据

程序法事实证明可以解决我国司法实践中长期存在的大量程序法事项裁决"无法可依""无理（论）可依"的局面。

在侦查阶段、审查起诉阶段和审判阶段，存在着大量的程序法事项。这些程序法事项必须一一加以解决，才能使刑事诉讼能够正常进行。长期以来，众多程序法事项的裁决处于"无法可依"或"无理（论）可依"的状态。取保候审、监视居住、搜查、冻结、秘密监听等大量程序法请求事实（项）由侦查机关或检察机关自行决定，而且是以内部行政审批式的方式决定。同样的程序法事项，在域外却往往由法官决定，其形式一般是司法裁判性质的司法审查。① 那么，我国侦检机关对上述程序法事项行政审批式的裁决方式的理论依据何在呢？恐怕很难说清。《非法证据排除规定》颁布之后，对非法言词证据排除（即言词证据合法性争议事项）的司法审查从此有法可依②，但大量其他由程序性违法引发的程序法争议事实（项）的司法解决仍然遥遥无期。比如违法搜查、违法扣押、违法拘留、违法逮捕、超期羁押等侦查行为合法性争议就根本不是我国司法审查的对象，针对这些程序性违法行为的程序性制裁完全处于告状无门、无法可依的状态。程序法事实证明能够很好地解决这一问题。首先，针对上文列举的一系列的控方程序法请求事实（项），程序法事实证明理论解决了其"无理（论）可依"

---

① 笔者认为，司法审查可分为事前司法审查和事后司法审查。事前司法审查主要发生在审前阶段，主要是对侦检机关提出的程序性请求事项的审查。多为侦检机关提出实施某种强制性侦查行为的申请，由法官对实施该行为是否具有合法性，即是否符合法定条件进行审查。事后司法审查，也可称为程序性争议事项的司法审查，主要是对诉讼行为合法性的事后审查。一般由辩方提出对某一诉讼行为合法性的审查要求，由法官进行审查，有时法官也可依职权主动进行审查。如果该诉讼行为不合法，则实施程序性制裁。本处为事前司法审查，本质即不完整形式的程序性裁判。

② 非法实物证据的排除在理论上似乎有法可依，但在实际上还处于可望而不可即的状态。

的局面。根据这一理论，限制公民人身权、财产权等宪法基本权利的强制性侦查行为必须向中立的第三方（最好是法院，在实然状态中检察机关也是替代性的选择）进行证明，而不能由侦查机关依内部行政程序自行决定。其次，针对大量程序性违法引发的程序法争议事实（项），程序法事实证明理论则给出了将其列为我国司法审查①对象的法理依据，使针对这些程序性违法行为提出司法审查之诉成为可能。同时，也使对这些问题进行专门立法或司法解释具有了坚实的理论依据，从而使这些程序法事项的解决在今后的某一天可以"有法可依"。

运用司法权对审前阶段的侦查行为、检察行为进行审查，以规制侦检权力滥用既是域外的普遍做法，也是国内学者的普遍主张。很多学者指出应当将强制措施和强制性措施的启动纳入司法审查的范畴，由法院以事前司法审查而不是行政审批的方式进行裁决。这也就意味着，审查批准逮捕不应由检察机关负责，而应由法院负责；取保候审、监视居住、搜查、秘密监听等其他强制措施或强制性措施必须结束侦查机关（检察机关）内部行政审批的状态，交由法院进行事前司法审查。程序法事实证明理论为这种可能的转变提供了良好的证据法理论基础。及时回答了为什么针对程序法事项的裁决不能按照从前行政审批（内部行政审批或外部行政审批）的方式，而应当以证明为基础，以事前司法审查的形式进行司法性裁决的问题。同时，回答了这种事前司法审查的主体应当是谁（法院），应当以什么样的方法进行（依照证据裁判原则，以控方或辩方证明，法官认证的方式进行）。显然，对于司法审查制度在我国的确立具有深远的理论意义。同时，从实然角度来看，在司法审查制度未建立以前，程序法事实证明对证明责任、证明标准、证明方法等一系列证明要素的阐述，有助于规范目前存在的侦查机关、检察机关对取保候审、监视居住、搜查、秘密监听等强制措施或强制性措施的内部审查程序，以及检察机关负责的审查批准逮捕程序。在程序法事实证明理论的指导下，这些针对程序法事项的内部和外部行政审批程序或者可以有章可循，或者能够得以改善和健全。这在司法实践中将具有重大的现实意义，是规制我国侦检机关审前诉讼行为的现实选择，具有较强的可操作性，也许正是我国刑事诉讼制度体制内改革的一种有益思路。

---

① 事后司法审查本质即完整形式的程序性裁判，后文详述。

二、程序法事实裁判与证明有利于规制侦检权力的运用

侦检权是指侦查机关和检察机关行使的侦查权和公诉权，这类权力是具有行政性质的公权力，以侦查权为典型代表。侦查机关和检察机关负有对犯罪进行侦查、起诉的职责，追求刑事实体法的实现，共同组成了所谓"控方"。公安机关是我国的治安保卫机关，性质上属于行政机关，其他侦查机关也大多具有行政机关性质。但检察机关的性质争议较大，我国宪法规定检察机关的性质是司法机关，学界则多认为其具有或至少在一定程度上具有行政机关的性质。笔者无意对检察机关的性质加以讨论，只是在分析程序法事实证明问题时倾向于更多地关注检察机关表现出的行政机关性质的一面，故暂且将其与公安机关等显然具有行政机关性质的侦查机关归为一类，合称侦检机关，一同分析其共性。

因其行政机关性质，侦检机关更多关注效率价值，与司法机关对公正价值的优位关注存在一定差别。为侦破犯罪和顺利起诉，在司法实践中确实存在着一些侦检机关，特别是侦查机关违法办案的现象。刑讯逼供、暴力取证、超期羁押屡禁不止，拘留、搜查、扣押、冻结、秘密监听随意运用。审前阶段，特别是侦查阶段是公民人身权、财产权和诉讼权利受侵犯最严重的阶段。行政性质公权力的专横不仅在刑事诉讼中有如此表现，在宪政层面亦然。世界各国都存在着行政权的专横问题，行政专横往往表现为代表国家行政公权力的行政机关对行政相对方（多为公民）的压迫，对公民权利的侵犯。在刑事诉讼中则表现为代表国家追诉犯罪的侦查、检察机关在行使公权力时侵犯对方[1]的正当权利，或在实施诉讼行为时不遵守刑事诉讼法的规定，甚至公然实施程序性违法行为。世界各国为规制侦检权力的滥用，建立了各种制度。这些制度各有特色，但却有一个重要的共同点，就是一般都要求侦检机关对其侦查行为或公诉行为的合法性进行证明。比如：为了防止侦查机关随意对公民采取强制措施或强制性措施，英美法系国家建立了令状制度，大陆法系国家建立了二级预审法官制度，由法官对侦查机关准备实施的强制措施或强制性措施进行审查。此时侦查机关不但要提出强制措施或强制性措施的实施请求，而且要向法官证明实施该强制措施或强制性措施符合法定

---

[1]　主要是犯罪嫌疑人（被告人）及其法定代理人、辩护人。

条件，即具有合法性。再比如，为了防止侦查机关实施程序性违法行为，英美法系国家建立了非法证据排除制度，大陆法系国家建立了诉讼行为无效制度。当辩方认为侦检机关的诉讼行为存在程序性违法时，可以提起司法审查之诉，此时侦检机关必须对自己诉讼行为的合法性进行证明。无论是申请实施某一强制措施或某一强制性措施前的证明，还是对已实施诉讼行为合法性的证明，侦检机关都要通过证明使司法审查机关确认其诉讼行为的合法性。通过这种方式，行政性质的侦检权得到了较好的控制，再也不能随心所欲地使用，而只能遵守程序法，以"合法"的形式"依法"使用。在这个过程中，侦检机关对其自身诉讼行为合法性的证明，性质就是程序法事实的证明。由此可见，程序法事实证明能够很好地约束侦检机关的诉讼行为，使之在合法的轨道上运行，对规制侦检权等行政性质公权力的滥用可以起到实质性的遏制作用。

三、程序法事实裁判与证明可以促进司法裁判权的延伸

在我国现行刑事司法职权配置中，法院拥有司法裁判权，但法院的这种司法裁判权仅限于审判阶段，不能在审前阶段行使，故称为审判权。同时这种司法裁判权裁判的对象主要是与定罪量刑有关的实体法事项，大多数与程序性违法有关的程序法事项不属于其裁判的对象。① 其他国家的法院除去审判权②之外，其司法职权往往还包括以下几种：①在审前阶段，对侦查机关、检察机关提出的程序性请求（往往是申请实施强制措施、强制性措施③的请求）进行事前司法审查，决定是否批准的职权。②对辩方提出的侦检机关的程序性违法行为进行事后司法审查，对违法诉讼行为的效力进行裁决的职权。④ ③对较长时间剥夺公民人身自由的未决羁押的决定、延长和解除这类非程序性违法引发的程序法争议事实

---

① 上级法院对下级法院的程序性违法行为可以加以裁判，但一般而言对在审判阶段提出的有关审前侦检行为违法之类的程序法事项却无权裁判，而此类事项却是程序性违法行为的主要组成。

② 在审判阶段对被告人进行实体性审判的权力。

③ 强制措施和强制性措施包括拘传、取保候审、监视居住、拘留、逮捕五种强制措施和搜查、扣押、冻结、秘密监听等各种强制性措施，涵盖侦查机关和检察机关在审前阶段为追诉犯罪可以使用的各种强制性措施，又称为强制性侦查行为、强制性侦查措施，本书交替使用这三个概念。

④ 除此之外，二审法院还拥有对初审法院审判违法行为进行司法审查，对违法审判行为的效力进行裁决的职权。

（项），也由法院进行司法审查，依职权决定是否批准。④对检察机关准备起诉的刑事案件进行形式审和实体审，以决定法院是否受理该案的职权。⑤依案件性质轻重分流案件，由不同性质、级别法院审理的职权。⑥对违警罪案件或微罪案件进行实体性审理的职权。①　一般而言，域外法院都拥有这六种审判权以外的职权。其中，后三种职权与本书关系不大，而前三种职权则是与程序法事实证明紧密相关的职权。法院对控辩双方程序法请求事实（项）的审查和对侦检机关程序性违法行为的审查，以及对非程序性违法引发的程序法争议事实（项）的审查，其性质都是对程序法事项的司法审查，也就是对程序法事项的程序性裁判。

而无论是实体性裁判还是程序性裁判，都要遵循证据裁判原则，以控辩双方的证明②为裁判的基础。因此，程序法事实证明就与法院这种对程序法事项的司法审查职权紧密地联系起来。可以这样讲，只要存在法院对程序法事项进行司法审查的职权，就必须以程序法事实证明为基础；反过来说，只要有程序法事实证明存在，就必然要求法院针对程序法事项行使司法审查的职权。可以想象，当程序法事实证明在我国具有了广为接受的理论地位之后，必然会推进针对程序法事项的司法审查的开展，而这也必将使法院现有的司法裁判权从实体法事项领域向程序法事项领域延伸。

由于侦检机关的程序性违法行为主要发生在审前阶段，因此对这些程序法事项的事后司法审查实际上也同时是针对审前阶段诉讼行为的司法审查。虽然，针对侦检机关诉讼行为合法性的司法审查本身可能在审判阶段进行，但这种司法审查针对的程序法事项却是实实在在的审前诉讼行为。而法院对控辩双方程序法请求事实（项）的事前司法审查，更是直接将司法裁判权延伸至审前阶段，完全改变了法院仅在审判阶段行使审判权，而不直接介入审前阶段的传统态势。

根据上文的分析我们可以发现，在域外司法实践中，程序法事实证明客观上推动了司法裁判权向程序法事项领域和审前阶段这两个方向的扩张和延伸。这实际上为未来我国法院扩大司法职权提供了一定的理论基础和可借鉴的实践经验。

---

① 这两类案件相当于我国适用劳动教养和行政拘留的案件。
② 在程序性请求事项的证明中绝大多数情况下只存在控辩双方中的一方。

本章补充注释

[1] 马可、闫奕铭、李京涛：《程序法事实的三维度分析——新的证明对象、裁判对象和刑事诉讼法律关系客体》，《中国人民公安大学学报（社会科学版）》2014 年第 1 期。

[2] 解成：《想起了董必武》，《董必武法学思想研究文集（第十辑）》2010年第 4 期。

[3] 马可：《程序法事实裁判和证明制度的构建——以审判中心主义的第二维度为视角》，《湖北社会科学》2015 年第 11 期。

[4] 王小芳：《刑事冤案中的人权保护分析》，《三峡大学学报（人文社会科学版）》2011 年第 1 期。

[5] 张彦：《从赵作海案看司法亚文化》，《江苏警官学院学报》2011 年第 6 期。

[6] 张彦：《司法亚文化的负向功能研究》，中国政法大学硕士学位论文，2011 年。

[7] 赖含：《非法证据排除规则的司法认定》，西南科技大学硕士学位论文，2020 年。

[8] 叶青、李小猛：《〈刑事诉讼法〉颁布实施 40 周年的回顾与展望》，《犯罪研究》2019 年第 6 期。

[9] 马可：《程序法事实证明的概念、适用、实质与意义》，《中国刑事法杂志》2013 年第 10 期。

[10] 杨杰：《刑事审前程序中辩护权的救济》，黑龙江大学硕士学位论文，2019 年。

[11] 蔡福华、严义挺：《走出中心之惑：理性对待以审判为中心》，《东南法学》2015 年第 2 期。

[12] 马可、吕升运：《非法证据排除规则适用中的司法证明问题——以〈非法证据排除规定〉、2012 年〈刑事诉讼法〉修正案及司法解释为视角》，《苏州大学学报（哲学社会科学版）》2014 年第 3 期。

[13] 卓晓辉：《刑事案件裁判事实认定错误及其防范》，西南政法大学硕士

学位论文，2010 年。

　　［14］赖早兴：《有罪判决的实体法标准是什么——"案件事实清楚"原理性解读》，《刑法论丛》2008 年第 1 期。

　　［15］王一博、戴萍、郑华友、代升龙：《职务犯罪证据体系的构建》，《山西省政法管理干部学院学报》2011 年第 3 期。

　　［16］何家弘：《论司法证明的基本范畴》，《北方法学》2007 年第 1 期。

　　［17］刘阳：《逮捕风险评估机制研究》，中国社会科学院研究生院硕士学位论文，2012 年。

　　［18］孙道萃、黄帅燕：《刑事主观事实的证明问题初探》，《证据科学》2011 年第 5 期。

　　［19］陈银珠：《论犯罪构成要件的逻辑顺序——以程序法与实体法的功能区分为视角》，《法律科学（西北政法大学学报）》2012 年第 3 期。

　　［20］陈立毅、关羽：《职务犯罪侦查中证据体系的构建》，《湖北警官学院学报》2008 年第 5 期。

　　［21］李宝岳、张红梅：《也谈对刑事诉讼中案件事实的理解》，《政法论坛》2002 年第 3 期。

　　［22］赵文清：《林业行政处罚证明客体探析》，《森林公安》2010 年第 3 期。

　　［23］胡雪：《浅析诽谤罪举证责任分配》，《法制博览》2015 年第 12 期。

　　［24］马晓煜：《少年司法"社会调查制度"之探索》，中国政法大学硕士学位论文，2011 年。

　　［25］何晶：《刑事诉讼认证制度研究》，黑龙江大学硕士学位论文，2004 年。

　　［26］卫跃宁：《司考刑事证据内容解析》，《法制日报》2006 年 6 月 1 日。

　　［27］李静：《犯罪构成体系与刑事诉讼证明责任》，《政法论坛》2009 年第 4 期。

　　［28］程林：《刑事案件"事实清楚"的解析》，《山东审判》2011 年第 1 期。

　　［29］许为安：《试论会计资料作为刑事诉讼证据的特点》，《证据学论坛》

2001 年第 2 期。

[30] 郭欣阳：《检察改革视域中的非法证据排除规则》，《国家检察官学院学报》2012 年第 5 期。

[31] 高梦尤优：《刑事初查证据资格研究》，云南大学硕士学位论文，2019 年。

[32] 郭鹏飞：《非法证据排除的范围——基于中国裁判文书网 565 份刑事裁判文书的实证分析》，《人民司法》2020 年第 10 期。

[33] 卢君：《刑事诉讼中的瑕疵证据研究》，西南政法大学博士学位论文，2019 年。

[34] 邹凤娇：《论我国刑事非法证据排除规则的适用》，黑龙江大学硕士学位论文，2019 年。

[35] 冯俊伟：《跨境取证中非法证据排除规则的适用》，《暨南学报（哲学社会科学版）》2020 年第 3 期。

[36] 何家弘、马丽莎：《证据"属性"的学理重述——兼与张保生教授商榷》，《清华法学》2020 年第 4 期。

[37] 朱春吉：《智能手机搜查中权利保障问题研究》，江西财经大学硕士学位论文，2020 年。

[38] 侯宗佑：《中外警察现场执法比较研究》，《铁道警察学院学报》2020 年第 1 期。

[39] 席月花：《侦查权与检察权的关系问题研究》，苏州大学硕士学位论文，2019 年。

[40] 王超：《刑事诉讼中的办案说明实证分析——以山东省 B 市 Z 县检察院办案数据为样本》，《人民检察》2020 年第 2 期。

[41] 马世理：《非法电子数据排除规则的教义学分析》，安徽大学硕士学位论文，2020 年。

[42] 何家弘：《论监察委犯罪调查的法治化》，《中国高校社会科学》2020 年第 1 期。

[43] 甘云涛：《论初核阶段的监察证据的效力和审查制度》，上海师范大学硕士学位论文，2019 年。

［44］赵思宇：《论监察机关职务犯罪调查与刑事诉讼的衔接》，广东外语外贸大学硕士学位论文，2019 年。

［45］刘亦峰、莫张倩：《刑事二审证据调查问题的实证思考以非法证据排除程序为切入点》，《西南石油大学学报（社会科学版)》2020 年第 4 期。

［46］陈亚琼：《刑事诉讼中程序法事实的证明责任研究》，湘潭大学硕士学位论文，2011 年。

第四章　客体理论指导的司法
实务问题和司法改革[①]

刑事诉讼法律关系客体理论是笔者师从王敏远研究员从事博士后研究期间的研究课题，这一理论既源于大陆法系博大精深的理论体系，更源于异彩纷呈的审判实践。该理论来源于司法实践，且深刻地作用于司法实践。刑事诉讼法律关系客体研究，可以为一系列司法实践中难于解决的问题正本溯源，从基础理论层面提供解释和答案，最终指导司法改革和相关立法。因此，本书单列一章，讨论刑事诉讼法律关系客体理论可以指导的司法实务问题，以及据此可以指导的应然的司法改革。

刑事诉讼法律关系客体的研究有利于解决如下问题：

第一，起诉不可分原则问题。凡对单一事实的一部分起诉，法院是否可以对单一事实的全部行使审判权？

第二，起诉的效力范围问题。对于那些共同犯罪的被告人是否可以分别起诉？共同犯罪的被告人所分别实施的其他犯罪行为是否可以另行起诉？同一个客体已经公诉机关提起公诉，是否允许自诉人再行自诉？

第三，对于提起诉讼行为的限制，对于同一诉讼客体，检察机关已经起诉，如犯罪地有多个，是否可以将案件再次向其他法院起诉？检察机关起诉后判决宣告前，法院准许检察机关以据已认定犯罪事实的证据不足为由撤诉，对于公诉机

---

① 刑事诉讼法律关系客体理论是笔者师从王敏远研究员从事博士后研究期间的研究课题，相关理论详见笔者博士后报告《刑事诉讼法律关系客体研究》。

关的撤诉行为是否应当做必要的限制？

第四，公诉变更问题。起诉书记载内容应当有哪些，能否变更？检察机关是否有权变更起诉罪名和事实，在什么样的范畴内可以变更起诉罪名和事实？在审判中发现的新的犯罪事实和犯罪人，检察机关如何处理？

第五，法院变更起诉指控罪名和事实问题。法院是否有权变更起诉罪名和事实，在什么样的范畴内可以变更起诉罪名和事实？在审判中发现的新的犯罪事实和犯罪人，法院如何处理？

第六，禁止重复追诉问题。大陆法系的一事不再理原则要求同一犯罪行为不受两次审判。英美法系的禁止双重危险原则要求被告人不得因同一罪行而受到两次起诉、审判和科刑。何为"同一犯罪行为""同一罪行"？

第七，辩护范围问题。如何通过确保辩护对象或辩护范围的稳定，保障被告人获得有效辩护？

在本书第一章总结了中国司法改革的六个大体思路以及"刑事职能机关职权配置的分化"和"刑事职能机关职权配置的优化"两个规律。刑事诉讼法律关系客体理论指导的司法实务问题和司法改革与"刑事职能机关职权配置的分化"和"刑事司法与行政逐步分离而不断专业化"这两个规律密切相关。在本章，笔者拟对刑事诉讼法律关系客体理论指导的司法实务问题和司法改革进行深入探讨。

第一节　中国法中的刑事诉讼法律关系客体

中国法中的刑事诉讼法律关系客体问题，与中国的刑事诉讼模式密切相关，与中国的司法实践密切相关。在理论上和实践中，都发挥着非常重要的作用。

一、中国法客体的内涵和外延

中国法中在刑事诉讼法律关系客体，其内涵与前文所述客体内涵一致，是指刑事诉讼法律关系主体的权利义务所指向的对象，是主体实施诉讼行为所指向的对象。但是，其外延与英美法系客体外延有较大区别，与大陆法系客体外延也有所不同。英美法系客体的外延，或者说客体的外在形式审判对象是诉因（公诉事实和法律评价的结合体），大陆法系客体的外延是公诉事实，我国则是案件事实。英美法系的客体外延最稳定，大陆法系的客体外延较为稳定，而我国的客体外延则最不稳定。

在前文笔者曾经介绍过犯罪事实、案件事实和公诉事实三者的区别，在这里不再赘述。英美法系国家以公诉事实和法律评价为客体的外延，其审判同时局限于公诉事实和法律评价两者，在不影响诉因同一性的情况下，可以对起诉书记载内容加以变更，对客体的变更几乎不可能，更不用说将审判范围扩大到案件事实了。

大陆法系国家以公诉事实为客体的外延，其审判仅局限于公诉事实本身，在不影响公诉事实同一性的情况下，可以对起诉书记载内容加以变更，可以在受到限制的情况下对客体加以变更，甚至扩大到部分案件事实。

中国法以案件事实为潜在的外延，其审判既不受制于法律评价，也不受制于公诉事实，不但与英美法系国家，而且与大陆法系国家都有较大不同。任何国家显性的或者形式上的审判对象显然都是起诉书上所记载的案件事实。而中国法虽然是以案件事实来作为审判对象，但在形式上还是以公诉事实作为一个显性的审判对象。中国法起诉书上记载的案件事实，也可以称为公诉事实，是一个显性的审判对象。具体而言，中国法审判对象的实质是案件事实，形式却是公诉事实。在审判过程中，法官并不仅仅基于起诉书上所记载的公诉事实加以审判，可能会将审判范围扩张到起诉书上所记载的公诉事实之外的整个案件事实的范围加以审理。这就是中国法赋予法官的巨大权力，而这种规定似乎与诉审同一原则相去甚远。这种审判范围扩大的情况见仁见智，并不是所有的法官都会如此进行审判。这种情况一般有两种可能：一种是法官法学素养较高且非常认真，这种法官不会拘泥于公诉事实，会将调查权限及于整个案件事实，直到调查清楚。这也就意味着客体外延或审判对象范围的扩大，也就是说超出公诉事实的范围，及于整个案件事实。另一种是法官法学素养较差且滥用职权，本来应当扮演消极中立的角色，秉承不告不理和诉审同一原则，把审判对象范围限制于公诉事实。但是这种法官滥用职权，完全不顾及不告不理和诉审同一原则，恣意将审判对象从公诉事实扩大为案件事实且不采取任何补救措施。中国法的审判对象或客体外延可以这样加以描述：中国法中客体的显性外延（或显性的审判对象）是公诉事实，而客体的潜在外延（或潜在的审判对象）是案件事实。在审判过程中，客体的显性外延与客体的潜在外延（或显性的审判对象与潜在的审判对象）两者没有严格的区别和限制，可以随意变更，既没用严格的事前变更程序，也没有最起码的事后补救程序，甚至也没有必要的通知程序，这就造成了我国客体外延或者审判对象的不稳定。

二、中国法客体的两个特征

我们刚才描述了中国法客体的外延——客体的显性外延为公诉事实，客体的隐性外延为整个案件事实，下文中笔者拟对中国法的客体特征加以分析。笔者认为，中国法客体具有两个特征：①客体外延（审判对象）范围不包括法律评价；②客体的外延不确定，处于一种不稳定的状态。

（一）中国法客体的第一个特征

中国法的客体外延（审判对象）不包括法律评价，并不是说我国的刑事审判不解决法律评价问题（定罪量刑问题）。刑事审判必然解决定罪量刑的问题，客体外延不包括法律评价，指的是检察机关起诉书上所记载的内容，只有公诉事实部分对法官具有约束意义（在我国，这种约束并不严格，法官可以在案件事实范围内对公诉事实加以变更，甚至在案件事实外对公诉事实加以变更），理论上，法官必须基于公诉事实对被告人加以审判。而起诉书所记载的法律评价只对法官有提示的作用，法官在审判时不必遵守检察官提示的法律评价，可以按照自己的职权加以判断，甚至重新加以评价。

（二）中国法客体的第二个特征

中国法客体的第二个特征是不稳定，客体外延的不确定造成了中国法客体的不稳定。中国法客体的外延可能根据不同审判人员的主观意愿从公诉事实扩大到整个案件事实，而不必遵守诉审同一原则，既没用严格的事前变更程序，也没有最起码的事后补救程序。客体外延随意变动的结果是，审判对象有可能完全背离起诉对象，严重违反诉审同一原则。由于辩护对象是依照起诉书记载的公诉事实（即起诉对象）所设定的，被告人或辩护律师只能针对明确而具体的起诉对象来准备辩护。当审判对象背离起诉对象时，特别是当审判对象严重背离起诉对象时，就会出现一种更为严重的问题，即针对起诉对象准备的辩护就会变得毫无意义，形同虚设，被告人的辩护权就会受到严重的侵犯，其正当权益也无法保障。虽然说这种问题并不经常出现，但一旦出现却完全无法制约。

由于中国法客体的外延的范围完全取决于不同审判人员的主观意愿，这就会造成另外一个严重的问题，即法律适用的不统一。不同的法官，可以按照自己的理解，在从公诉事实到整个案件事实的范围内随意设定审判对象，这就会从整体上造成审判的不统一和审判的不公正。一直以来，中国法就存在一个重要的问题——法律适用的不统一。相似的犯罪行为在某地可能会被判处 A 刑罚，在 B 地就可能被判处 B 刑罚；甚至是相似的犯罪行为在某地可能会被判处 A 罪，在 B 地却可能被判处 B 罪。笔者认为，客体外延的不稳定是造成上述问题的一个深层次原因，同时，也使本已严重的法律适用不统一的问题更为严重。对客体外延的不同理解，对审判对象的不同设定，最终可能会造成对不同被告人适用不同的法律。而这必将会侵犯一部分被告人的权利，从整体上造成审判的不统一和审判的不公正。[①]

第二节　中国法中的客体理论涉及的实务问题

中国法中的客体实务问题，和大陆法系国家、英美法系国家基本相同，主要是客体变更问题和禁止重复追诉问题。客体变更涉及的实务问题可依照主体分为检察机关的公诉变更问题和审判机关的审判（法院）变更起诉罪名问题。禁止重复追诉涉及的实务问题包括检察机关撤诉后重新起诉、二审案件发回重审以及刑事再审等问题。这些问题都与客体密切相关，客体的单一性和同一性在这些实务问题中发挥着关键作用。由于客体理论研究的滞后，中国现行法对这些实务问题的规定存在着一系列问题，有的甚至不甚符合国际公约的规定。理论界对这些

---

① 谢进杰：《刑事审判对象问题研究》，四川大学 2006 年博士学位论文，第 294－297 页。

问题多有微词，各种观点争鸣碰撞。在本章中，笔者将对上述客体实务问题分别加以探讨。

控审分离原则与禁止重复追诉原则是客体实务问题的理论基础。这两个原则分别指导着公诉变更、审判变更起诉罪名、刑事再审等一系列客体的实务问题。那么，这两个原则在我国现行法中是否已经得到了确立呢？我们首先来分析这个问题。

一、我国现行法关于控审分离和客体变更问题的规定

控审分离原则是客体变更问题的理论基础，直接指导着司法实践中的客体变更。从我国现行刑事诉讼法来看，并未直接确立控审分离原则，不过该原则的内容可以体现在现行法的有关规定中。比如，我国刑事诉讼法关于检、法两机关的机构设置以及控、审两职能之关系的规定，就体现了控审分离原则的主要内容。我国现行《刑事诉讼法》第3条、第5条分别规定："对刑事案件的侦查、拘留、执行逮捕、预审，由公安机关负责。检察权、批准逮捕、检察机关直接受理的案件的侦查、提起公诉，由人民检察院负责。审判由人民法院负责。除法律特别规定的以外，其他任何机关、团体和个人都无权行使这些权力。""人民法院依照法律规定独立行使审判权，人民检察院依照法律规定独立行使检察权，不受行政机关、社会团体和个人的干涉。"因此，虽然我国刑事诉讼法并未明确确立控审分离原则，在某些问题上还存在明显背离该原则的规定，但我国现行法在整体上已经接受了控审分离原则，这一点应该是确定的。

控审分离原则的内容由不告不理原则和诉审同一原则组成。客体变更必须遵守控审分离原则，具体来说，就是要遵守不告不理原则和诉审同一原则。

（一）我国现行法关于不告不理问题的规定

按照不告不理的要求，客体的外在形式审判对象应该由承担控诉职责的检察机关设定，原则上不能由法院设定。该要求不仅适用于一审程序，而且也同样适用于二审、再审程序，我国现行《刑事诉讼法》有关起诉、上诉、抗诉以及再审的提起等规定，就体现了该要求。不过，我国法律对该要求的贯彻不够彻底，在部分内容上还存在明显违反该要求的地方。在有些审判中，审判对象不是由检察院设定，而是由法院自行设定的。比如再审程序的启动，我国刑事诉讼法就允

许法院自行提起。根据《刑事诉讼法》第 243 条的规定，"各级人民法院院长对本院已经发生法律效力的判决和裁定，如果发现在认定事实上或者在适用法律上确有错误，必须提交审判委员会处理"。最高人民法院对各级人民法院已经发生法律效力的判决和裁定，上级人民法院对下级人民法院已经发生法律效力的判决和裁定，如果发现确有错误，有权提审或指令下级人民法院再审。从不告不理的角度来说，无论是由作出判决、裁定的原审人民法院院长和审委会决定再审，还是由最高人民法院以及上级人民法院提起的再审，实际上都是由法院自身启动再审程序，这都与控审分离原则下审判对象由控方设定的精神相违背。[①]

（二）我国现行法关于诉审同一问题的规定

诉审同一是控审分离原则的另外一个内容，根据诉审同一的要求，法院只能对指控的被告人和犯罪进行审判，而不能对没有指控的被告人和犯罪事实进行审判，这不仅对一审适用，对二审、再审同样适用。应该说，我国现行《刑事诉讼法》关于一审判决的规定，以及法检两院关于追加起诉的解释就体现了诉审同一的要求。但是，我国法律对该要求贯彻得也不彻底，有些规定明显与该要求相冲突。比如我国现行《刑事诉讼法》关于二审范围的规定，就明显违背了诉审同一的要求。《刑事诉讼法》第 222 条规定："第二审人民法院应当就第一审判决认定的事实和适用的法律进行全面审查，不受上诉或者抗诉范围的限制。共同犯罪的案件只有部分被告人上诉的，应当对全案进行审查，一并处理。"

刑事诉讼法律关系客体及其外在形式审判对象，是起诉效力所及的对象。从我国现行《刑事诉讼法》的内容来看，其并未对起诉的效力作出明确规定，对于公诉事实的法律评价是否属于客体外延（审判对象）的构成部分，是否需遵守诉审同一原则不能随意变更，并未如大陆法系国家那样在刑事诉讼法上作出专门性的规定。但是，从刑事诉讼法的有关条文、最高人民法院所作出的解释以及司法实践来看，还是可以分析出我国现行法对该问题的规定。

《刑事诉讼法》第 195 条第 1 项规定："案件事实清楚，证据确实、充分，依据法律认定被告人有罪的，应当作出有罪判决。"至于该有罪判决是须以法律评价中指控罪名作出，还是可以另以新罪名作出，其没有做出规定。但考虑到我国

---

① 参见杨杰辉：《刑事审判对象研究》，西南政法大学 2006 年博士学位论文。

刑事诉讼法实行的是"实事求是""有罪必纠"的刑事政策，对于法院来说，如果事实构成犯罪而仅因为罪名有变化就否认有罪判决是不可想象的。2013年开始施行的《最高人民法院关于适用〈中华人民共和国刑事诉讼法〉的解释》① 对此做了比较明确的规定，该解释第241条规定："对第一审公诉案件，人民法院审理后，应当按照下列情形分别作出判决、裁定：（一）起诉指控的事实清楚，证据确实、充分，依据法律认定指控被告人的罪名成立的，应当作出有罪判决；（二）起诉指控的事实清楚，证据确实、充分，指控的罪名与审理认定的罪名不一致的，应当按照审理认定的罪名作出有罪判决。"在指控的罪名与法院审理认定的罪名不一致时，仍应当作出有罪判决，这就进一步确立了法院有权变更罪名的做法。在司法实践中，各级法院确实也在实际执行上述规定。"可以说，法院对检察机关起诉的罪名作出变更，这已经属于中国刑事司法的惯例，甚至被视为法院审判权的应有之义。"② 由此可见，我国的诉审同一是指被告人和公诉事实的诉审同一，而不包括法律评价的诉审同一。③

（三）我国现行法关于客体变更问题的规定

在英美法系国家，客体的外延对应诉因，包括公诉事实和法律评价。由于其法律评价不允许变更，而公诉事实的变更也仅限于细枝末节的问题，不会也不可能违反公诉事实的同一性。故而，在英美法系国家实际上不存在客体变更问题。具体而言，在司法实践中，基本不存在检察官的公诉变更问题和法官的审判变更起诉罪名问题。即便有，也只是在一个概括的罪名下从重罪向轻罪的单向变更，如从一级谋杀罪变更为二级谋杀罪，从二级谋杀罪变更为误杀罪。在英美法系国家，现实的审判对象是诉因。由于不允许对法律评价加以变更，而公诉事实的变更也仅限于细节末节的起诉书记载问题，无论检察官还是法官都无权超出客体的同一性扩大公诉事实的范围。具体地说，就是起诉书记载的公诉事实是什么就是什么。即使在法庭审判过程中发现了公诉事实之外的其他案件事实（或犯罪事实），由于这些新的事实超越了原客体的范围，即违反了客体的同一性，也不能将审判对象（或客体外延）扩大到这些新的事实。也就是说，在英美法系国家，只有现实的审判对象，没有潜在的审判对象，现实的审判对象不能随意扩大，故而不存在现实的审判对象变更为潜在的审判对象的可能性。

在大陆法系国家，客体的外延对应于公诉事实，公诉事实是其现实的审判对象，而案件事实（或犯罪事实）则是其潜在的审判对象。由于大陆法系国家的客体外延不包括法律评价，这就使无论是检察官还是法官都有权对法律评价加以变更，在司法实践中变现为公诉变更和审判变更起诉罪名。由于法律评价并不包含于大陆法系国家的客体外延范围之内，故而检察官或法官对法律评价的变更不能视为客体的变更。在以德国为代表的一些大陆法系国家，公诉事实也可以变更，只要不违反客体的同一性，或者说公诉事实的同一性，就可以对公诉事实加以变更。具体地说，起诉书记载的公诉事实，即起诉对象并不一定等同于审判对象。如果在法庭审判过程中发现了起诉书记载的公诉事实之外的其他案件事实（或犯罪事实），只要这些新的事实不超越公诉事实的概括范围，即不违反公诉事实的同一性，就可以对公诉事实加以变更。对公诉事实的变更，由检察官完成，如果法官通过法庭调查①发现了公诉事实以外的新的事实，也需建议检察官予以变更，如果检察官不同意变更，新的事实就无法纳入审判。为了避免由审判对象（或客体外延）变更带来的辩护对象不稳定问题，大陆法系国家往往规定了告之制度和延期审理制度，一旦审判对象（或客体外延）变更就必须及时告之被告人，且赋予被告人申请延期审理的权利。

日本法的情况比较特殊，其客体变更制度介于英美法和大陆法之间。其现实的审判对象是诉因，而潜在的审判对象则是公诉事实。换句话说，就是在日本法中，现实的显在的客体外延是诉因，而潜在的客体外延则是公诉事实。日本法规定了严格的诉因变更制度，在遵守公诉事实同一性的前提下可以对诉因加以变更，但必须经过若干程序。这一问题笔者在前文中已有论述，在此不再赘述。具体地说，在日本法中，起诉书上记载的诉因是现实的审判对象。如果在法庭审判过程中发现了起诉书记载的公诉事实之外的其他案件事实（或犯罪事实），只要这些新的事实不超越潜在的审判对象公诉事实的概括范围，即不违反公诉事实的同一性，就可以对诉因加以变更。对诉因的变更，由检察官完成。为了避免由审

---

① 在某些大陆法系国家，法官可以通过庭外调查发现公诉事实以外的新的事实。

判对象（或客体外延）变更带来的辩护对象不稳定问题，日本法专门设立了诉因变更制度，一旦诉因（或客体外延）变更就必须及时告之被告人，且赋予被告人申请延期审理的权利。

中国法以案件事实为潜在的外延，其审判既不受制于法律评价，也不受制于公诉事实，不但与英美法系国家，而且与大陆法系国家都有较大不同。如前所述，中国法的审判对象或客体外延可以这样加以描述：中国法中客体的显性外延（或显性的审判对象）是公诉事实，而客体的潜在外延（或潜在的审判对象）是案件事实，这就造成了中国法客体变更的独特现象。在审判过程中，客体的显性外延与客体的潜在外延（或显性的审判对象与潜在的审判对象）两者没有严格的区别和限制，可以随意变更，既没用严格的事前变更程序，也没有最起码的事后补救程序，这就造成了我国客体外延或者审判对象的不稳定。中国法客体的外延或者审判对象可能根据不同审判人员的主观意愿从公诉事实扩大到整个案件事实，而不必遵守诉审同一原则。具体地说，起诉书记载的公诉事实，即起诉对象并不一定等同于审判对象。如果在法庭审判过程中发现了起诉书记载的公诉事实之外的其他案件事实（或犯罪事实），只要这些新的事实不超越案件事实（或犯罪事实）的概括范围，即不违反案件事实（或犯罪事实）的同一性，就可以对公诉事实加以变更。也就是说，在我国，既有现实的审判对象，也有潜在的审判对象，现实的审判对象可以随意扩大，故而存在现实的审判对象变更为潜在的审判对象的可能性。客体外延随意变动的结果是，审判对象有可能背离起诉对象，严重违反诉审同一原则。此时，针对起诉对象准备的辩护就会变得形同虚设，被告人的辩护权就会受到严重的侵犯。另外，由于法律评价不属于我国客体外延的范畴，所以其变更更是缺乏限制。既没有严格的事前变更程序，也没有最起码的事后补救程序，甚至也没有必要的通知程序。所以在我国，辩护方不仅面临来自检察官的审判突袭，甚至可能面临来自法官的审判突袭。这两种情况结合在一起，就使得问题更加严重，会直接影响对被告人的有效辩护，被告人的正当权益也无法保障。虽然说这种问题在我国并不经常出现，但一旦出现恐怕就无法制约或救济。

二、我国现行法关于禁止重复追诉问题的规定

我国现行《刑事诉讼法》没有规定禁止重复追诉原则的内容，只是出于规定审级制度的目的，在第 10 条规定："人民法院审判案件，实行两审终审制。"此外，在刑事诉讼法 2012 年修改之前，第二审人民法院对于上诉案件、抗诉案件，经过审理后，可以"认定事实不清或证据不足"为由，裁定撤销原判、发回重审。并且，此种发回重审没有次数限制。这种做法与禁止重复追诉相背离，饱受学界批评。修改后的现行《刑事诉讼法》，其第 225 条第 2 款规定："原审人民法院对于依照前款第三项规定发回重新审判的案件作出判决后，被告人提出上诉或者人民检察院提出抗诉的，第二审人民法院应当依法作出判决或者裁定，不得再发回原审人民法院重新审判。"在一定程度上，可以将此看作是我国刑事诉讼法迈向禁止重复追诉原则的第一步。

在我国，禁止重复追诉原则并未确立，不但没有确立，而且对该原则的违反还比较严重。对于我国刑事诉讼法及其相关司法解释中可能导致重复追诉的情形，有学者进行了较为全面的梳理：在一审程序中，涉及重复追诉问题的环节主要是检察机关撤诉后重新起诉。在二审程序中，涉及重复追诉问题的环节主要是对"事实不清""证据不足"的案件发回原审法院重新审判。此外，还包括利用审判监督程序直接发动双重追诉的情形。① 结合刑事诉讼法律关系客体的同一性来看，主要有以下几个方面的内容：

（一）一审程序中公诉机关在撤诉后重新起诉的问题

我国刑事诉讼法对检察机关撤回起诉权并没有作出规定，但相关司法解释赋予了检察机关撤回起诉的权力。根据最高人民检察院《人民检察院刑事诉讼规则》② 第 455 条的规定，法庭审理过程中，发现事实不清、证据不足等情形，需要补充侦查或者补充提供证据的，公诉人应当要求法庭延期审理。法庭宣布延期审理后，人民检察院应当在补充侦查的期限内提请人民法院恢复审理或撤诉。2013 年《最高院解释》第 242 条规定："宣告判决前，人民检察院要求撤回起诉的，人民法院应当审查撤回起诉的理由，作出是否准许的裁定。"其第 181 条规定："依照本解释第二百四十二条规定裁定准许撤诉的案件，没有新的事实、证据，重新起诉的，应当退回人民检察院"，该项制度将犯罪嫌疑人、被告人置于

---

① 参见陈瑞华：《刑事诉讼中的重复追诉问题研究》，《政法论坛》2002 年第 5 期。

② 《人民检察院刑事诉讼规则》，2012 年 10 月 16 日由最高人民检察院第十一届检察委员会第八十次会议第二次修订，自 2013 年 1 月 1 日起施行，下文中简称 2013 年《最高检规则》。

相对不利的地位，有可能使之较长一段时间内处于不稳定、不安全的状态中，显然有违禁止重复追诉原则。

（二）二审发回重审问题

二审问题的主要争议点在于二审发回重审是否违反禁止重复追诉原则。我国《刑事诉讼法》第 225 条第 1 款第 3 项规定："原判决事实不清或者证据不足的，可以在查清事实后改判；也可以裁定撤销原判，发回原审人民法院重新审判。"这样就会造成以下的流弊：公诉机关可以依据大体相同的证据和事实，对被告人反复提起公诉；而原审法院也根据这些大致相同的证据和事实，反复对被告人作出有罪判决。《刑事诉讼法》在 2012 年修改时在此处增加一款规定，即"原审人民法院对于依照前款第三项规定发回重新审判的案件作出判决后，被告人提出上诉或者人民检察院提出抗诉的，第二审人民法院应当依法作出判决或者裁定，不得再发回原审人民法院重新审判"。这一条款，是对无限制的重复追诉行为的一种限制，但是又并没有能够完全地禁止重复追诉，可以看作是惩罚犯罪与禁止重复追诉之间的一种妥协与中和，也从某种程度上反映了刑事诉讼法学界理想主义者和现实主义者之间的某种博弈。

（三）审判监督程序

我国《刑事诉讼法》第 242 条、第 243 条规定了由当事人及其法定代理人、近亲属申诉，法院主动提起以及检察机关抗诉三种导致审判监督程序启动的途径。2013 年《最高院解释》和 2013 年《最高检规则》进行了补充规定。①

关于审判监督程序是否违背禁止重复追诉原则，本身就具有争议性。正如有学者认为："我国相关立法恰恰在此方面存在不足。具体表现在两个方面：第一，对于提起审判监督程序的法定事由，立法规定含糊，在司法实践中不具有较强的操作性。第二，对人民法院自行提起审判监督程序以及人民检察院通过抗诉提起审判监督程序的，立法没有设立严格的审查机制。……正是由于上述缺陷与不足的存在，在我国，人民法院或人民检察院在发动审判监督程序方面随意性较大，特别是对于被告人不利的再审。……其中明显地流露出将审判监督程序作为对被

---

① 详见本章第四节论述。

告人进行再次追诉的工具。这显然与禁止重复追诉相背离。"①②

三、对上述两原则现行法规定的分析

通过上文的介绍，可以发现我国现行刑事诉讼法对控审分离原则的规定相对详细，而对禁止重复追诉原则的规定则难寻踪迹。可以说，控审分离原则在我国现行法中已得到确立，并已开始发挥一定作用；而禁止重复追诉原则在我国现行法中并未得到确立，似乎也没有发挥相应作用。

但是，控审分离原则虽然确立，却并未被严格遵守，如上文所述的法院二审全面审查和法院自行提出再审的问题。除此之外，现行法对集中体现控审分离原则的客体变更问题也惜墨如金，对于公诉变更、法院变更起诉罪名等客体变更的基本实务问题，该法均未有明确规定。虽然刑事诉讼法中的有些条文零星地涉及了其中的部分问题，但内容含混不清，不能起到指导实践的作用。正是这种空白，为控审分离原则的违反打开方便之门。虽然，最高人民法院和最高人民检察院以司法解释的形式对这些问题做出了规定。但是，这些规定并没有能够完全解决相关问题，司法实践中对控审分离原则的违反还是比较严重。在下文笔者会对与控审分离原则最密切的三个客体变更实务问题"公诉变更"、"法院变更起诉罪名"和"法院变更起诉事实"进行详细分析，并对客体变更改革的思路进行探讨。

在我国，禁止重复追诉原则尚未确立，重复追诉问题并未被禁止。集中表现为前文介绍的一审检察机关撤诉后重新起诉，二审法院对"事实不清""证据不足"的案件发回原审法院重新审判，以及利用审判监督程序直接发动双重追诉等问题。其中，利用审判监督程序直接发动双重追诉的问题与禁止重复追诉原则的矛盾最为明显，对该原则的破坏也最大。对于这一问题，笔者将会在本章最后一节中加以专门分析。

---

① 参见张小玲：《刑事诉讼客体论》，中国政法大学 2004 年博士学位论文。
② 笔者认为，在我国现行法中，对禁止重复追诉原则破坏最大，与该原则矛盾最明显的当数审判监督程序。对这一问题笔者将会在本章第四节"禁止重复追诉的实务问题和改革思路"中详加论述。

第三节　客体变更的实务问题和改革思路

在本节里，笔者准备从公诉事实变更与法律评价变更入手，讨论公诉变更、法院变更起诉罪名、法院变更起诉事实等刑事诉讼法律关系客体理论可以指导的实务问题，从整体上阐述一下我国客体变更制度的改革思路。

一、公诉事实与法律评价变更的界限

无论客体变更的主体是检察官还是法官，客体变更的内容都无外乎公诉事实与法律评价两个部分。我国长期以来的诉讼传统——对实体正义的注重，导致我国刑事诉讼中变更起诉书中记载的公诉事实与法律评价成了一种较为普遍，同时也比较随意的做法，由此造成了前文介绍的一系列问题。因此，应当按照诉审同一的要求，以正式立法的形式对客体变更的范围与界限严格规范。为了在惩罚犯罪与保障人权之间求得平衡，并提高诉讼效率，确保诉讼顺利进行，对于起诉书所记载的公诉事实与法律评价，应当规定只能在特定的范围与界限内加以变更。具体而言：

（一）对于公诉事实的变更

对于公诉事实的变更，不得超出刑事诉讼法律关系客体同一的界限。无论从大陆法系还是英美法系来看，公诉事实本身即为客体外延的全部或主要组成部分。因此，从理论上讲，在审判过程中，不应该允许对公诉事实加以变更。但从实践来看，依据证据所认定的事实与公诉事实完全相符的情形并不多见，在很多情况下，往往在一些细枝末节的事实或情节上存在差异。如果此时不允许对公诉事实加以变更，而要求一律重新起诉，甚至根据禁止重复追诉原则禁止重新起诉，则不仅会使诉讼效率大大降低，司法资源的投入大大增加，而且很可能导致惩罚犯罪的诉讼目标落空。因此，大陆法系各国的普遍做法是，在不违反客体同一性的情况下，允许对公诉事实加以变更。笔者认为，在公诉事实变更的问题上，我国可以借鉴与吸收大陆法系国家的经验与做法，允许对公诉事实进行变更，但不得超出客体同一性的界限。

（二）对于法律评价的变更

在英美法系国家当事人主义的诉讼模式中，客体的表现形式是诉因，也就是说，在当事人主义的诉讼模式中，客体的外延包括公诉事实和法律评价。由于法律评价是诉因的组成部分，因此也是客体外延的组成部分。一般而言，英美法系国家在原则上是不允许变更诉因的，因此对法律评价的变更也就不被允许。

日本法也引入了诉因制度，但是与英美法系国家的诉因制度并不完全相同。日本法诉因制度最大的特点是诉因变更制度的存在。《日本刑事诉讼法》第312条第1款、第2款规定："法院在检察官提出请求时，以不妨碍公诉事实的同一性为限，应当准许追加、撤回或者变更记载于起诉书的诉因或者罚条。法院鉴于审理的过程认为适当时，可以命令追加或者变更诉因或者罚条。"因此，它既不同于原则上不允许变更诉因的英美法，也不同于不实行诉因制度的大陆法。

在大陆法系国家，由于法官的审判对象是公诉事实，审判对象不包括检察机关提示的法律评价，且检察官对罪名的认定对法官没有拘束力，因此一般允许法官直接变更罪名。

同时，大陆法系国家对于法官变更起诉罪名，甚至变更某些不影响公诉事实同一性，但有可能影响到被告人防御权的事实细节的做法都做了严格限制。规定法官在变更时，必须履行严格的程序，如要求及时告知被告人指控罪名发生变更，并给予其充分的防御机会。如果法官没有履行这些程序，则其所作出的判决属于违法，被告人有权提出上诉。

而在我国，最高人民法院做出的司法解释却并未对法院变更起诉罪名应该履行的程序作出规定，对于应否告知被告人罪名变更、应否给予其准备防御的机会，都未提及。从司法实践来看，法院变更起诉罪名往往是在不通知辩护方，甚至不告知检察机关的情况下，以单方面、秘密、主动的方式进行的。

因为法律评价的肆意变更会给被追诉人行使辩护权带来不利影响，从保障辩护权的角度出发，结合刑事诉讼惩罚犯罪的目的，应当严格规定变更法律评价的程序限制。在法律评价变更的问题上，我国似乎可以借鉴大陆法系国家的做法，对于法律评价的变更，规定法官有权直接对法律评价加以变更，但同时应当严格规范①，特别应规定法律评价变更时需要及时通知被告人，并赋予其申请延期审理的权利。

二、客体变更改革的总体思路

结合前文的论述笔者认为，无论是公诉变更，还是法院变更起诉罪名或法院变更起诉事实，在确立我国的客体变更制度时，都应该注意以下几点：

（1）必须加强对客体变更问题的立法，以正式的立法对公诉变更和审判变更问题进行规范，结束以司法解释规范客体变更的局面。同时，新的立法应当与我国签署的联合国《公民权利与政治权利公约》等国际人权公约的规定相一致，以履行我国的国际公约义务。

（2）正式立法应当规定，检察机关有权进行公诉变更，包括公诉事实的变更和法律评价（罪名认定）的变更。检察机关作为公诉机关，认为其提出的公诉事实或法律评价（罪名认定）有错误时，应当允许其纠正。这既符合我国"有错必纠"的诉讼理念，也体现了诉讼经济的原则。

（3）正式立法应规定公诉变更必须及时通知被告人，并赋予其申请延期审理的权利。同时，应对检察机关公诉变更的时间有所限制，其他国家一般将这一时间限制规定在法官作出判决之前，我国检察机关公诉变更的时间限制也应规定为法官作出判决之前。

（4）正式立法应当规定法院（官）不得主动变更公诉事实。这是因为，法院（官）主动变更公诉事实有违现代刑事诉讼的控审分离原则，也容易侵犯被告人的权利。如果有新发现的案件事实，法官认为应当变更公诉事实的，不能径行变更，需要建议检察机关变更起诉或追加起诉，如果检察机关拒不变更起诉或追加起诉，对新发现的案件事实只能另案处理，而无法在本次诉讼中加以解决。

（5）正式立法应当规定法院（官）变更起诉罪名须符合一定条件。如果绝对禁止法院（官）变更起诉罪名，只能对检察机关起诉的罪名作出是否有罪的裁判，就可能因为检察机关工作上的疏忽而使有罪的被告人被宣告无罪。但是，在法官认定的罪名不同于检察官认定的罪名时，较为妥当的办法还是由检察官要

---

① 参见谢进杰：《刑事审判对象问题研究》，四川大学 2006 年博士学位论文。

求变更罪名或者在法官的建议下变更罪名。如果检察官坚持不变更罪名，法官可以依照职权在判决中改变罪名。而且，法官变更罪名不得侵犯被告人的辩护权，在作出变更罪名的判决之前，应当告知被告人及其辩护人拟裁决的罪名，并给予其充足的准备辩护的时间和在法庭上就变更后的罪名进行辩护的机会。[1]

三、客体变更改革的配套制度

无论是变更公诉事实还是变更法律评价，均会对被告人之防御带来不利影响。因此，无论是公诉变更还是审判变更，都必须保障被告人的辩护权。无论是有关事实的变更还是有关法律评价（罪名）的变更，都必须保证被告人对于变更后的事实和罪名有充分的时间准备辩护并有在法庭审理中陈述辩护理由的机会。这是辩护原则的要求，也是保护被告人合法权利的要求，应该明确规定被告人有这一项权利。[2] 故而，在正式立法构建我国客体变更制度时，必须从保障被告人辩护权的角度出发建立配套制度。

（一）确立相应的告知制度

公诉事实与法律评价不仅表明了人民检察院控诉的对象，同时也决定了法院审判的范围，由此也成为被告人实施辩护所指向的对象。公诉事实与法律评价的变更意味着起诉对象与审判对象已经发生了变化，客观上要求被告人及其辩护人针对新的事实或罪名实施辩护。而被告人及其辩护人能够这样做的前提是，对于指控的事实与罪名的变更，他们是知情的。正因如此，各国立法均对变更起诉之后的告知制度进行了规定。有鉴于此，在我国立法中应当确立相应的告知制度。由于法院在审判中所具有的中立地位及指挥审判的职能，告知义务应当由法院承担。具体规定如下：在审判过程中，对公诉事实与罪名进行变更以后，法院应当立即告知被告人，[3] 以便其针对变更后的事实与罪名进行辩护准备。

（二）赋予被告人申请延期审理的权利

公诉事实与法律评价的变更意味着被告人一方需就新事实、新罪名重新进行辩护，而为了行使辩护权并达到良好的辩护效果，须给予被告人充分的时间进行

---

① ② 宋英辉、何挺：《检察机关刑事诉讼职权之比较》，《国家检察官学院学报》2004 年第 3 期，第 11 页。
③ 此处被告人不仅包括被告人本人，而且包括其法定代理人和辩护人，下同。

辩护准备。在这种情况下，各国往往赋予被告人申请延期审理的权利。为了切实保障辩护权的行使，为被告人行使该权利提供相应的制度支持，可以借鉴其他国家的做法，在公诉事实或法律评价发生变更时，允许被告人申请延期审理，以重新准备辩护。①

第四节　禁止重复追诉的实务问题和改革思路

一、实务问题和现行法规定

刑事再审是一个与客体问题密切相关的实务问题，我国的审判监督程序其实质就相当于其他国家的刑事再审程序。由于我国刑事诉讼法并未确立禁止重复追诉原则，因此，我国审判监督程序与禁止重复追诉原则并不协调，从刑事诉讼法律关系客体的角度来看，两者的矛盾甚至非常明显。

我国刑事诉讼法规定了由当事人及其法定代理人、近亲属申诉，法院主动提起以及检察机关抗诉三种导致审判监督程序启动的途径。具体来说：一是申诉。2012 年修改的《刑事诉讼法》第 242 条规定：“当事人及其法定代理人、近亲属的申诉符合下列情形之一的，人民法院应当重审：（一）有新的证据证明原判决、裁定认定的事实确有错误，可能影响定罪量刑的；（二）据以定罪量刑的证据不确实、不充分，依法应当予以排除，或者证明案件事实的主要证据之间存在矛盾的；（三）原判决、裁定适用法律确有错误的；（四）违反法律规定的诉讼程序，可能影响公正审判的；（五）审判人员在审理该案的时候，有贪污受贿，徇私舞弊，枉法裁判行为的。”二是法院自行启动。《刑事诉讼法》第 243 条规定：“各级人民法院院长对本院已经发生法律效力的判决和裁定，如果发现在认定事实上或者在适用法律上确有错误，必须提交审判委员会处理。最高人民法院对各级人民法院已经发生法律效力的判决和裁定，上级人民法院对下级人民法院

---

① 参见张小玲：《刑事诉讼客体论》，中国政法大学 2004 年博士学位论文。

已经发生法律效力的判决和裁定，如果发现确有错误，有权提审或者指令下级人民法院再审。"三是检察院抗诉。《刑事诉讼法》第 243 条规定："最高人民检察院对各级人民法院已经发生法律效力的判决和裁定，上级人民检察院对下级人民法院已经发生法律效力的判决和裁定，如果发现确有错误，有权按照审判监督程序向同级人民法院提出抗诉。"《刑事诉讼法》第 242 条、第 243 条提到的"确有错误"由最高人民法院和最高人民检察院颁布的司法解释进行了界定。2013年《最高院解释》规定"确有错误"是指"在认定事实或适用法律上确有错误"；2013 年《最高检规则》第 591 条进一步规定，"确有错误"是指具有以下情形之一的：有新的证据证明原判决、裁定认定的事实确有错误，可能影响定罪量刑的；据以定罪量刑的证据不确实、不充分的；据以定罪量刑的证据依法应当予以排除的；据以定罪量刑的主要证据之间存在矛盾的；原判决、裁定的主要事实依据被依法变更或者撤销的；认定罪名错误且明显影响量刑的；违反法律关于追诉时效期限的规定的；量刑明显不当的；违反法律规定的诉讼程序，可能影响公正审判的；审判人员在审理案件的时候有贪污受贿，徇私舞弊，枉法裁判行为的。

二、审判监督程序与禁止重复追诉的矛盾

我国的审判监督程序在很大程度上违背了禁止重复追诉原则，与该原则存在一系列的矛盾。

第一，我国的刑事诉讼几乎不存在终审的问题。根据审判监督程序的条件，终审裁判只要发生了错误，那就没有终局，可以再次进行审判。而根据禁止重复追诉原则，终审的判决一旦作出，诉讼就终结了；只是发现生效裁判有错误，并不能成为启动再审程序的充分条件。

第二，我国的审判监督程序强调的是有错必纠，无论这种错误是什么原因造成的（是由于故意犯罪造成的，还是其他什么原因造成的），无论这种错误的性质是什么（是有利于被告人的还是不利于被告人的）。而禁止重复追诉原则要求的却与此并不相同，该原则强调，纠正错误只能在特定情况下可以允许；而且一般纠正的只能是结果有利于被告人的错误，或者在严格限制的条件下，对某些基于刑事诉讼中的故意犯罪而导致的错误，才可予以纠正。

第三，审判监督程序的指导思想和该原则不一致。我国再审程序的指导思想是有错必纠，我们所注重、强调的并不是通过总结审判经验的方式来减少、避免、预防以后犯错误，而是通过职权机关对以往的错误一个个予以纠正的方式来减少错误。然而，禁止重复追诉原则所强调的是权利保障和规范职权行为，禁止职权机关在纠正错误时的任意性。权利保障指的是对于被宣告无罪的人或者已被终审确定有罪的人不得再予追诉；规范职权行为指的是职权机关再审的追诉活动，要受到相应的程序规制。但我国在审判监督程序的设计上恐怕并没有这样的指导思想。[①]

第四，对于提起审判监督程序的法定事由，立法规定含糊，在司法实践中不具有较强的操作性。对法院自行提起审判监督程序以及检察院通过抗诉提起审判监督程序的，立法没有设立严格的审查机制。正是由于上述缺陷与不足的存在，在我国，法院或检察院在发动审判监督程序方面随意性较大，特别是对于被告人不利的再审，流露出将审判监督程序作为对被告人进行再次追诉工具的倾向，这显然与禁止重复追诉原则相背离。

第五，审判监督程序适用范围过于广泛。该程序适用于所有刑事案件，不仅适用于严重犯罪的案件，而且适用于轻微犯罪的案件。不仅适用于原已作出有罪判决的案件，而且适用于原已作出无罪判决的案件；不仅适用于有利于被告人的案件，而且适用于不利于被告人的案件。另外，审判监督程序还没有提起期限和次数等方面的限制。而上述问题都违反了禁止重复追诉原则。[②]

除了以上问题之外，还有论者指出，根据禁止重复追诉原则的内在要求，应限制提起对原审被告人不利的再审。对于极少数例外情形，应规定有严格的限制条件，包括限定所设犯罪的严重性标准、规定具有可操作性的具体理由、限定申请再审和决定提起再审主体的层级、规定提起不利再审的期限等。而我国刑事再审制度呈现出如下与其冲突的特征：其一，提起再审程序的主体多元；其二，法院的角色复合，在再审程序中，其司法活动具有不适当的主动性和积极性；其

---

① 王敏远：《刑事诉讼法若干原则的修改》，参见陈泽宪：《刑事法前言》（第3卷），中国人民公安大学出版社2006年版，第28-31页。

② 参见王敏远：《刑事诉讼法律关系的主体和客体》，中国社会科学院重点课题成果，2013年。

三，提起再审程序的有权决定主体起于基层，门槛之低，世界罕见。①

三、审判监督程序改革的若干思路

虽然我国现行刑事再审制度与禁止重复追诉原则存在重大冲突，但在司法实践中，直接违背禁止重复追诉原则的案件在刑事再审案件中所占的比例并不大。这一方面是因为刑事再审案件在全部再审案件中所占的比例很小，另一方面是因为，在刑事再审案件中，对原审被告人不利的再审所占的比例也只是少数。据调查，许多高级、中级和基层法院，每年审理的刑事再审案件一般不过 1～2 件，超过 5 件的情况都很少见，而且，基本以对原审被告人有利的再审案件为主。②这样看来，学界关于我国现行刑事再审制度与禁止重复追诉原则之冲突的研究，在很大程度上似乎仅具有制度评判的意义。即便如此也必须明确，这种评判仍然具有十分重要的价值。因为，从一个国家有关法律制度的科学性和正当性如何，可以判断一个国家的文明进步程度和法制化水平。一个负责任的国家和政府必须确保的是，不能允许任何一个公民因为不科学、不正当的法律制度而使其权益遭受不应有的侵害。③

结合上文分析以及我国《刑事诉讼法》第 242 条、第 243 条规定，可以看出我国立法对于再审理由的规定较为含糊，同时在程序上并未设立严格的审查机制，由此导致审判监督程序对禁止重复追诉原则构成不应有的冲击。对于我国立法中的缺陷与不足，应当借鉴其他国家的先进做法和有益经验，加以改革与完善，在此简述若干思路如下：

其一，以正式立法的形式确立禁止重复追诉原则。同时，新的立法应当与我国签署的联合国《公民权利与政治权利公约》等国际人权公约的规定相一致，以履行我国的国际公约义务。

其二，缩小审判监督程序适用的范围。设定范围时应区别严重犯罪的案件和

---

① 张毅：《禁止双重危险规则与中国刑事再审制度改革论纲》，参见陈光中：《刑事再审程序与人权保障》，北京大学出版社 2005 年版，第 242 页。

② 具体数据可参见《1974－1995 年福建省再审审结刑事案件统计表》。

③ 张毅：《禁止双重危险规则与中国刑事再审制度改革论纲》，参见陈光中：《刑事再审程序与人权保障》，北京大学出版社 2005 年版，第 245 页。

轻微犯罪的案件，有罪判决的案件和无罪判决的案件，有利于被告人的案件和不利于被告人的案件。

其三，取消检察机关通过再审抗诉直接启动再审程序的权力，将检察机关再审抗诉权改造为再审申请权。据此，检察机关提出再审抗诉，必须说明抗诉理由，由法院进行审查，而无权直接提起。

其四，明确规定检察机关再审申请的理由。具体可参照我国立法关于申诉理由的规定设立，在司法实践中应具有较强的可操作性。

其五，取消法院主动提起审判监督程序的权力，明确在审判监督程序中，法院的职能仅限于对再审申请进行审查。

其六，加强法院在再审案件受理环节的职权，由法院对于检察机关和当事人的再审申请和理由进行审查，并根据是否符合再审条件，裁定是否进入重新审理程序，不符合条件的不予受理。

其七，提高审判监督程序有权决定主体的级别，改变门槛过低的情况，设定审判监督程序提起期限和次数方面的限制。①

禁止重复追诉问题是刑事诉讼法律关系客体理论的重要实务问题，与我国的审判监督程序密切相关。我国审判监督程序与禁止重复追诉原则并不协调，应从以上七个方面加以改革。

本章补充注释

［1］官欣：《论刑事诉讼客体》，中国政法大学硕士学位论文，2004 年。

［2］杨杰辉：《刑事审判对象研究》，西南政法大学博士学位论文，2006 年。

［3］沈涛：《论法院变更起诉罪名》，中国青年政治学院硕士学位论文，2017 年。

［4］马可：《程序法事实证明的概念、适用、实质与意义》，《中国刑事法杂志》2013 年第 10 期。

［5］孔军：《禁止双重危险原则及其在我国的确立》，中国社会科学院研究生院博士学位论文，2012 年。

---

① 张小玲：《刑事诉讼客体论》，中国政法大学 2004 年博士学位论文。

［6］张小玲、李家宏：《论刑事诉讼中诉判同一原则》，《安徽大学法律评论》2005年第1期。

［7］张彬斌：《疑罪从无原则的司法适用研究》，西北民族大学硕士学位论文，2020年。

［8］王波：《刑事再审程序研究》，中国政法大学博士学位论文，2019年。

［9］杨晨：《人民法院刑事申诉异地审查制度研究》，上海师范大学硕士学位论文，2020年。

［10］马小清：《刑事和解协议的履行问题研究》，扬州大学硕士学位论文，2019年。

［11］张小玲：《刑事诉讼客体论》，中国政法大学博士学位论文，2004年。

［12］许晔：《论检察机关刑事申诉办案机制的完善》，南京师范大学硕士学位论文，2018年。

［13］张小玲：《诉判同一原则理论与实践之评析》，《法商研究》2006年第3期。

［14］王振亚：《检察刑事申诉制度研究》，湖南大学硕士学位论文，2019年。

［15］韩波：《论涉案财物审理程序中案外人的参与权保障》，《法学杂志》2020年第8期。

［16］熊瑶：《刑事缺席审判程序的法律问题研究》，江西财经大学硕士学位论文，2019年。

［17］乔芳芳：《法院变更起诉罪名研究》，郑州大学硕士学位论文，2009年。

［18］马昊：《论法律程序规则的集合性》，湖南师范大学硕士学位论文，2017年。

［19］韩成军：《论法律监督与我国检察机关公诉权配置的改革》，《河南大学学报（社会科学版）》2011年第5期。

［20］范凯：《检察院法律监督权优化配置研究》，华东交通大学硕士学位论文，2019年。

［21］马康：《反腐败视野下刑事二审程序纠错功能研究》，《山东法官培训

学院学报》2020 年第 3 期。

[22] 古晓芳：《刑事再审中的发回重审制度研究》，西南政法大学硕士学位论文，2014 年。

[23] 王婧：《禁止重复追诉原则与刑事再审制度》，《才智》2008 年第 21 期。

[24] 薛晓蔚：《释刑事诉讼法中的延期审理》，《中国青年政治学院学报》2014 年第 3 期。

[25] 庞永强：《论监察留置措施运用中的问题及其制度完善》，宁波大学硕士学位论文，2019 年。

[26] 许双武：《监察委员会的留置措施研究》，青岛大学硕士学位论文，2018 年。

[27] 王亚辉：《监察留置措施与刑事强制措施衔接问题研究》，南昌大学硕士学位论文，2019 年。

[28] 张琪：《论我国未决羁押制度的完善》，甘肃政法学院硕士学位论文，2019 年。

[29] 张旭：《监察机关留置权的自由裁量问题探究》，《广西政法管理干部学院学报》2020 年第 3 期。

[30] 李菲菲：《职务犯罪调查留置措施适用问题研究》，东南大学硕士学位论文，2019 年。

[31] 张志：《论我国监察留置措施的适用困境与完善建议》，青岛大学硕士学位论文，2018 年。

[32] 付紫文：《协同治理视角下县级监察机关调查权运作研究》，华中师范大学硕士学位论文，2019 年。

[33] 陈悦莹：《监察委员会职权配置研究》，华南理工大学硕士学位论文，2019 年。

第五章 《刑事诉讼法》修改背景下的监察留置问题

监察法出台之后，监察留置措施由于其限制人身自由的特点成了社会议论的焦点。从各方面看，留置措施以不同于刑事诉讼强制措施的一系列区别，引起了学术界和实务界的关注。《刑事诉讼法》2018 年修改之后，一些争议问题尘埃落定，但其背后的理论问题仍然值得探讨。而这些理论问题的探讨，可以有效促进对"留置权的性质""留置权与强制措施的衔接""留置权的程序规范"等诸多问题的研究。本章涉及的内容与"刑事职能机关职权配置的分化"和"刑事司法与行政逐步分离而不断专业化"这两个规律密切相关，笔者拟对相关问题进行深入探讨。

第一节 监察留置的权属探讨

监察留置的实质探讨需要借助对其权力来源及归属的理解，并对其进行理论分析和论证，否则，任何有关监察留置的意见或建议都无异于水中浮萍、无根之木。而面对纷繁复杂的现实问题，如果缺乏清晰和坚实的理论指引，就起不到立法建议与指导实践的作用。

从目前法律规定来看，监察留置属于监察权的一种。目前对监察权的属性分析较多，在此不一一列举。本书认为监察权是一种较高层次的综合性的行政权。

但是，这种综合性的行政权并不是我们所认为的那样简单，其内涵发生了重大变化，需要进一步深入的分析。

一、监察权是一种复杂的综合性权力

首先，监察权本身就是综合性权力。现行法律规定，监察权包括案件线索处置、初核、立案、调查、作出处置决定。这里既包括审核权、调查权，也包括处置权。处置权中既包含政务处分，也包含司法处分。① 这代表了监察权包含着各权力的综合特性。其次，监察权的权力设定是一种复杂的形态。作为与司法衔接的方式，监察程序中既包括调查权，也包括处置权。而且，作为调查权中的监察留置，并不像刑事强制措施那样，在侦查程序中具有贯穿程序的一致性。简而言之，这种复杂是非线性的，各权力彼此之间存在着交叉关系。最后，其综合性渗入了强烈的政治色彩。从现实的法律规定来看，行使监察权的机关定位是"专责机关"②，具有政治监督功能。由此，也可以看出监察权的政治性是难以用刑事诉讼的规范性来解释和阐明的。例如，在《监察法》总则中被监察人权利保障逻辑隐没其中，更多的是一种政治权力逻辑凸显其外。例如，正是认识逻辑的差异，对监察期间律师会见问题，理论界和实务界意见难以形成一致意见。

二、监察权是一种特殊的监督权

"监察"一词在域外有三种含义，即破产清偿财产监督（Inspection）；县级税收事务管理（supervisors）；审查官员或审查违宪（censors）。按照当代中国对监察的界定，仅指审查、监督官员。因此，监察权主要体现为监督权。其特殊性体现在，首先，这种监察监督是"国家监督"。即监察权属于广义国家监督权能，是属于多种权力制约与治理的一种集合性国家权能。③ 监察监督在权力层级上要高于其他种类的监督。其次，监察监督不是法律监督。法律最新规定，检察

---

① 《中华人民共和国监察法》第 45 条。
② 《中华人民共和国监察法》第 3 条。
③ 邱霈恩：《国家监察体制改革和体系建设的法理创新探略》，《中共中央党校学报》2018 年第 4 期，第 50－51 页。

监督是法律监督，不能直接监督监察活动，只能进行诉讼程序监督。① 监察监督与检察监督似乎是一种并列关系。② 但是，由于监察权的复杂的综合性，这种并列显然主要集中体现在监察与刑事诉讼衔接的领域。然而，实际上这种并列是不能成立的，一是检察监督还包含民事监督、行政监督和公益诉讼监督，而且后两者逐渐成为法律监督的主要任务，诉讼监督只是法律监督的职能之一；二是这两者"并列"的监督也存在交叉现象，并非真正的并列。由于监察是国家权能，其监督可以覆盖诉讼监督。诉讼监督仍然在人权保障上有所保留，可以对侵犯个人权益的监察活动进行监督。③ 再次，监察监督对象是特定的。在刑事诉讼领域，完全区别于检察权的监督对象，监察监督虽然具有广泛性，但主要是一种对人（官员）的监督，而检察监督主要是针对案件的监督。这就突破了刑事诉讼主客体理论，这一理论认为，刑事诉讼的客体是刑事案件，而监察权力映射至刑事起诉之后，刑事诉讼的客体发生了显著的变化，即被监察对象的"人"与刑事案件的"事"的混同。最后，监督权指向特殊的人权保障形态。监察理论认为，监察监督本身就是对公权力的制约，在刑事诉讼中，公检法权力之间的制约已被监察大监督所取代。因此，作为行使公权力的监察对象，这一特殊身份导致人权保障受到部分限制，是一种有条件的人权保障。基于以上原因，这一权利保障目前来看有待进一步完善。例如，在未进入刑事诉讼之前，监察委员会就有权向社会公布监察对象的个人相关信息；监察调查获取的言词证据，在刑事诉讼中可以直接作为证据使用等，④ 这与犯罪嫌疑人完整的诉讼权利有一些差异。

---

① 《中华人民共和国人民检察院组织法》（2018 年 10 月 26 日修正，2019 年 1 月 1 日施行）第 20 条第（5）项（新增）。后简称《检察院组织法》（2018）。

② 参见邱曼丽：《国家监察权属性探析》，《兵团党校学报》2018 年第 4 期，第 58 页。

③ 《检察院组织法》（2018）第 2 条第 2 款和第 4 条。从国际上看，《联合国反酷刑公约》中酷刑也没有局限在刑事诉讼领域，仍然适用监察法。

④ 《中华人民共和国监察法》第 33 条。

三、监察权属于广义的行政权

在世界范围内，监察权有四种类型：立法权、行政权、议会专员制、单独权力。[①] 中国的监察权类似于加拿大的"审计署"，向立法机关人民代表大会负责。但从法律条文表述上，又近似于澳门廉政公署"公共机关"。为了实现法律权威高效统一，监察权不是立法权，也实际排除了狭义的行政权性质。如何确定监察权的实际属性，成为亟待解决的问题。

首先，监察权来源于行政权。原因在于，监察权来源于行政监察，在权力运用上带有大量的行政色彩。譬如上文所述，公布监察对象的信息更类似是一种行政公开的手段。虽然，监察权是行政监察权的行政属性和法律监督权的司法属性新的扬弃与耦合的统一。[②] 但是，监察调查权本质还是行政权力。而监察权独立的地位，使这种行政权发生了一些质的变化，即行政权的内涵扩充了。

其次，监察权是广义的行政权。追溯"行政"一词的来源。可以发现一个有趣的现象，三权分立学说并不是"行政"一词的唯一来源。在德国行政权的来源中，行政权最初指的是警察权，当然警察权也包括侦查权在内。由此可见，行政权的界定不是唯一的。在法国行政权的来源中，侦查权是属于行政权以外的执行权（executive）[③]，除了"执行权"以外，任何一种政府管制型权力都可以视为行政权，这当然包括监察权。在中国，如果监察权想获得自身理论层面的独立，这种行政权必须上升一个层级，即广义的国家处理内部事务的权力。在集中力量反腐的统一高效的法律体系下，行政权可以具有广义性。而执行权和行政权的分离理论也在一定意义上确定了侦查和监察的调查是不一样的。确定了基本性质，才能有针对性地进行权力的制约，这种制约就体现为现行宪法意义的司法职能的"相互监督、相互制约"作用，而这种司法职能也是广义的司法权，在中国，包括检察机关和审判机关，在刑事诉讼中与之形成权力间的对应。

---

① Ehi Eric Esoimeme, "A Critical Analysis of the Anti – corruption Policy of the National Judicial Council of Nigeria", *Journal of Money Laundering Control*, 2018, 21 (3)；庄汉、黄昊元：《议会行政监察专员制度：英国的经验与启示》，《江汉大学学报（社会科学版）》2017 年第 6 期，第 25 页。1999 年《澳门特别行政区廉政公署》（2012 年修订），第 10/2000 号第 1 条。

② 参见徐汉明：《国家监察权的属性探究》，《法学评论》2018 年第 1 期。

③ See Jean Gabriel Peltier: Les actes des apôtres. I. 1790: 106.

第二节　监察留置的理论界定

监察留置是一种复合性的审前羁押措施。这种羁押措施具有行政性质。

一、监察权的综合性决定了监察留置的复合性

监察权的复杂的综合性将留置权纳入了巨大的张力之中，这决定了监察留置作为监察调查措施的一种，并不是那么简单，需要进一步界定其本质特征。

监察留置的基本权力属性暂且不做理论上的探讨。从现有法律规定，明确了监察留置不是侦查。但是从诉讼功能论的观点出发，监察留置可以视为具有行政职能和刑事侦查职能的复合属性，即一方面留置对象涉及违法或者职务犯罪的被调查人；另一方面紧密衔接刑事强制措施和公诉环节。然而，从之前监察权的综合性分析可以得出一个结论：将监察留置截然划分为行政职能和刑事侦查职能显然过于简单，从《监察法》的立法原意来看，监察留置既不是两种职能的简单叠加[1]，更不是监察行政程序与刑事诉讼程序两个阶段的粗浅划分。[2] 从法律规定上看，监察留置直接排斥了刑事诉讼法的适用。在域外也是有类似法律适用的，如澳门廉政公署关于程序法的特别规定。[3]

首先，将监察留置截然划分为两种职能的分段论在法律规定中得不到支持。监察留置对象，既针对其刑事犯罪积极行为[4]，又针对其公务行为的不作为、慢

---

[1]　《中华人民共和国监察法释义》明确指出，"监察委员会依法行使的监察权，不是行政监察、反贪反渎、预防腐败职能的简单叠加，而是在党直接领导下，……依托纪检、拓展监察、衔接司法，实际上是新的拓展、新的开创，……是新创举，与司法机关的职权、性质有着根本不同"。（后简称《监察法释义》）

[2]　例如，行刑双性说。参见江国华、王冲：《监察委员会留置措施论析》，《湖北社会科学》2018 年第 9 期，第 121－122 页。

[3]　参见 1999 年《澳门特别行政区廉政公署》（2012 年修订），第 10/2000 号第 11 条。

[4]　当然不作为在刑事上也有，但在监察法上仅体现在玩忽职守等较少罪名之中。《监察法草案》二审稿中删去了原第 29 条规定中的"失职渎职"情形，现为《监察法》第 28 条。虽然是针对技术侦查，但是从反面可以印证监察法可以对绝大部分消极作为或不作为的职务犯罪的适用除技术侦查以外的调查措施。

作为等消极行为。从这一意义来看，监察留置不是仅针对刑事犯罪，对严重违法也是包含在内的，在调查阶段，刑事犯罪证据不足的情况下，仍然囊括在严重违法之中一并调查。因此，要将两部分截然分开，无论是从程序上还是从阶段上，都是毫无意义的。

其次，把监察留置视为行政程序和诉讼程序的简单衔接，也是有问题的。监察的职责首要是监督，不是单纯的办案机构。监察留置具有非罚性，即它不是"裁决"性质的监察"处罚"，而是非"裁决"性质的监察"处分"。这种措施不但涵盖了行政"处分"和刑事"处分"，也涵盖了其他一些处理方式。这些处理不但依照党规党纪，也依据法律法规。刑事诉讼法只是其中的监察依据之一。因此，《监察法》可以认为是综合性公法，是一种多手段的综合治理而非泾渭分明的划界分治，"衔接"一词显然将这一问题简单化了。

最后，监察留置涵盖面广，决定了其两种职能不可能彼此叠加。按照权责统一原则，留置权如果属于监察机关，必然有专属的监察人员和独立的监察职能，在职权形式上必然具有相对独立性。但是目前来看，这种独立职能还需要进一步探讨。例如，在职权行为行使上，显然不是"叠加"，而是一种"混合"。一是留置的执行需要侦查机关配合。监察机关采取留置措施，可以根据工作需要提请公安机关配合，公安机关应当依法予以协助。二是留置的期限混合了具有侦查职能和具有行政职能的侦查（调查）期限，而留置期限本身就是根据各方利益权衡的一个混合的产物。总体来说，既不是分段，也不是衔接，更不是混合，在监察权综合性的前提下，只能在理论上认为是一种"复合"，即复杂的综合。

在监察实践中，这种复合性也有所体现。比如，在各地监察留置案件中检察机关提前介入的做法逐渐获得实务界的认可，这一做法既可能是现有监察调查制度根据办案经验的改进，也可能是监察调查需要双轨运行，但从理论上看，这恰恰印证了监察留置的复合性。因此，无论是检察机关的受邀介入还是主动介入，都是监察留置复合特性的巨大张力带来的不可忽视的影响。

另外，还有管辖的交叉问题，一般进行留置的案件都可以移交起诉。但是，《监察法》依据监察对象的级别进行管辖①，而《刑事诉讼法》依据案件严重程

---

① 《中华人民共和国监察法》第16条。

度进行管辖，对人的级别划分和对案件的级别划分显然存在交叉，一旦出现管辖的交叉，监察机关既可以指定管辖，也可以移交管辖，但是长期进行管辖的临时指定，显然会带来管辖混乱，这种混乱追溯其理论来源，还是监察留置的复合性所决定的。

还有自首的认定问题。在司法实践中，有三种观念导致了彼此相异的做法。一是认为留置不同于强制措施，因此，在留置阶段主动投案，如实供述可视为自首。① 二是认为留置等同于强制措施，在留置之前主动投案，如实供述才视为自首。② 在现有的判决里，此种做法最为普遍。三是认为留置是调查的一种，因此，在调查阶段之前主动投案，如实供述才视为自首。③ 这一司法观点认为在所有调查措施之前，才视为自首，这显然过于严苛。在《监察法释义》中采用了第二种做法，"犯罪事实和被调查人均已被发现，但是尚未受到监察机关的询问、讯问或者尚未采取留置措施之前，主动到监察机关或者所在单位、基层组织等投案，接受调查"。④ 但是，且不论与刑法规定之间潜在的冲突，第一种情况实际是重复评价。这就出现了法律规定与实际做法之间的鸿沟。之所以出现这种矛盾，在于前一种做法实际背后是分段论，后一种做法背后是叠加论。这两种做法皆是未认清监察留置的复合性所导致的。然而，明确"留置不同于强制措施"，"尚未采取留置措施之前"的法律规定后在现实中也会出现适用的难题，因为，监察机关掌握的违法线索是同类性质的，如实供述监察机关还未掌握的本人其他违法行为只能累计加重刑罚，这种供述很难实现。只有完全属于不同性质才能实现自首的认定，如关某滥用职权、受贿罪。⑤ 这种复合性特征也导致了实体法和程序法的冲突，有学者称为程序自然法困境。⑥ 如果要解决这一矛盾，只能对刑事诉讼程序理论进行反思和重构。随之而来的监察监督对象的特定性更加剧了对

---

① 薛某贪污罪、受贿罪辩护意见，安徽省霍邱县人民法院刑事判决书（2018）皖 1522 刑初 72 号。

② 黄某受贿罪，四川省仁寿县人民法院刑事判决书（2018）川 1421 刑初 212 号。丁某受贿罪、贪污罪，安徽省亳州市谯城区人民法院刑事判决书（2018）皖 1602 刑初 337 号。

③ 李某受贿罪，方县人民法院刑事判决书（2018）黔 0521 刑初 147 号。本案认定电话通知后主动交代不是自首，认为电话通知前就掌握了犯罪事实。特别注意的是，本案判决由完全引用了《监察法释义》。

④ 《监察法释义》第 31 条。

⑤ 广东省深圳市宝安区人民法院刑事判决书（2018）粤 0306 刑初 4359 号。

⑥ 刘艳红：《程序自然法作为规则自治的必要条件——〈监察法〉留置权运作的法治化路径》，《华东政法大学学报》2018 年第 3 期。

刑事诉讼原有程序理论的冲击。

二、监察权监督对象的特定影响了监察留置的本质界定

法律规定，监察留置既不同于侦查，又不同于强制措施。《刑事诉讼法》2018 年新修正案重新定义了侦查，将调查权排除在侦查之外。[①] 而法律并未明确留置的具体内涵，能够区分的只能是一种限制人身自由的"强制性"措施。概念的缺失导致内涵界定的模糊，进而会导致整体理论研究的停滞，因此，从监察对象的特定性切入就成为可能的研究角度之一。因为监察活动的监督对象是人，明确区分于刑事案件这一刑事诉讼的客体。形成了调查、起诉、审判的程序模式，既然调查不同于侦查，那么这一程序模式显然突破了刑事诉讼侦查、起诉、审判的程序模式，特别是对于留置，更无法纳入刑事诉讼侦查程序。特别在监察和诉讼的衔接用先行拘留方案，更是彻底否定了留置是强制措施的理论倾向。因此，监察调查的种种突破不能再用刑事诉讼程序理论来看待，即监察留置不处在刑事诉讼程序之中，不是侦查、起诉与审判程序的三阶段划分，而是审前程序与审判程序的两阶段划分。美国和德国都有审前程序，而我们设定的包括监察的审前程序与之不同，一是监察调查措施不需要司法审查，二是监察调查的权限是独立的，除了移送起诉之外还可以进行监察处置，如图 5-1 所示。

审前程序			审判程序
诉前程序[②]	庭前诉讼程序		
监察调查、处置	刑事监察调查（不完全）、执法部门侦查	处置、起诉	
刑事立案前初查	立案后调查、刑事侦查	起诉	

图 5-1 我国监察的审前程序

---

① 《中华人民共和国刑事诉讼法》2018 年修正案（以下简称 2018 年《刑诉法修正案》）第 108 条第（1）项。

② 马怀德教授也认为，监察调查程序属于刑事诉讼的前置程序，参见马怀德：《再论国家监察立法的主要问题》，《行政法学研究》2018 年第 1 期。

之所以单独设置审前程序和审判程序的两阶段划分，是因为起诉程序在审前程序中与刑事诉讼程序有较大区别，其中最重要的区别就是起诉程序与侦查程序衔接是一元指向的，而起诉程序与监察调查程序是多元指向的。原有的刑事诉讼程序与监察参与的刑事诉讼程序两者在程序衔接时也存在交叉与重叠，譬如，被监察人员与刑事案件的客体交叉。反之，将监察过程和公诉过程都纳入同一程序之中，有利于监察活动的监督和开展，更有利于监察在刑事诉讼阶段在整体上达成司法的一致性。如果这种程序模式能够成立，则可以消弭之前学界对于立案存在必要性的争议。一是职务诉讼立案替代模式说，认为监察留置在衔接强制措施时，在某种程度上代替了刑事立案阶段，决定了采取强制措施的范围。[①] 这种倾向在环境案件的公益诉讼中也有体现。[②] 在监察活动中，不但刑事立案被替代，而且检察院与监察委管辖案件发生冲突，即使刑事立案也应当撤销案件。[③] 二是监察衔接完善说，[④] 认为现在法律规定还比较粗放，以后会规定的。例如，广东在衔接时实际存在立案阶段，或者某些省市理解为立案仅是形式审查的做法。三是并行的立案模式说，认为由原有的多元化立案模式到替代立案的一元化模式，出现了两种并行的立案模式。如果将研究上升至整体程序设置层面，立案模式的变化恰恰是程序模式变化的突出表现。既然同属于一个程序——审前程序，当然无须重复立案。而监察留置无疑具有审前羁押性特征，如果上述理论能够自洽，那么，监察留置就可以视为是一种审前羁押措施。

三、监察权的广义行政属性界定了监察留置的"行政性"

监察权具有广义行政属性，那么，作为监察权之一的调查权下属的监察留置，应该具有行政性。学界也认为，监察留置兼具行政性和强制性。[⑤] 从广义上

---

① 有学者认为，监察调查已经起到了过去职务犯罪侦查中用立案来界定采取强制性侦查措施范围的作用。参见王沿琰、黄维智：《监察办案与审查起诉程序衔接问题研究》，《西南民族大学学报（人文社会科学版）》2018 年第 11 期，第 82 页。

② 陈侃：《职务犯罪不立案，流失国资照样追》，《检察风云》2018 年第 19 期。

③ 2018 年 11 月 24 日最高人民检察院《关于人民检察院立案侦查司法工作人员相关职务犯罪案件若干问题的规定》第 3 条。《人民检察院刑事诉讼规则》第 12 条、第 60 条。

④ 程雷：《"侦查"定义的修改与监察调查权》，《国家检察官学院学报》2018 年第 5 期，第 129 - 132 页。

⑤ 卞建林：《监察机关办案程序初探》，《法律科学》2017 年第 6 期。

讲，强制性也是一种国家管制型行政权的体现。简言之，行政性和强制性本质是一样的。

首先，监察留置的立法源头是侦查权。姜明安教授认为，监察法关于调查的立法本意是参照侦查制定的。因此，出于立法体系解释的同源性，虽然留置不同于侦查，但是留置起到了侦查的效果。有学者认为监察留置在衔接强制措施时，决定了采取强制措施的范围。①

其次，监察留置和侦查两者权力本源一致。虽然说留置权和侦查权在具体权属上是有区别的，然而，这两种权力的本源却是一致的，都是源于现代意义上的行政权。正如反恐法所规定的，针对特殊对象——恐怖活动组织或人员，侦查可以向前延伸至行政性质的调查，情报先行，突破技术侦查立案底线。② 监察法也是针对特殊对象——行使公权力的公职人员，调查行为亦向前延伸，除去党纪监督和处置，大部分都是行政性质的调查行为，特别是留置，在名称上区别于侦查行为，在性质上属于复合性质，用行政权可以较好地囊括这一监察权力。反过来，侦查权本质上就是为公诉与审判等司法活动服务的行政调查权。在权力来源与最终本质上，监察留置权是调查权之一，而调查权与侦查权并无差别。

最后，监察留置的内容具有行政性特征。从上述监察权主要是国家监督权的属性来看，正因为是国家层面的行政权，所以监察留置也呈现为一种行政权的表达。当然，行政权与行政机关并无直接联系，正如侦查机关可以行使侦查权，但是侦查权并不一定都由侦查机关行使类似。监察机关也可以行使行政权，而且这种行政权的层级显然高于一般行政机关的行政权。与之紧密联系的是，留置的内容也具有行政性特性。具体来说，监察留置是监察监督的手段，而非监察处置的目的，也就是行使监督权的一种保障手段，是行政性的，而非司法性的；是行政的过程，而非行政的目的，也非司法诉讼的目的。行政的目的在于主动干预，对行政相对人的权利义务产生实质意义的影响，比如许可和处罚。留置作为行政的过程，在于保障监察监督的顺利进行，并不能对监察对象的权利义务产生实质意

---

① 有学者认为，监察调查已经起到了过去职务犯罪侦查中用立案来界定采取强制性侦查措施范围的作用。参见王沿琰、黄维智：《监察办案与审查起诉程序衔接问题研究》，《西南民族大学学报（人文社会科学版）》2018年第11期，第82页。

② 《中华人民共和国反恐法》第45条。

义的影响。有人可能会质疑行政不能既调查违法又调查犯罪，其实，监察本质上是维护国家和社会的秩序和安全，既需要采用行政管理手段——行政监察，也需要采取行政管制手段——监察调查。同时，这也符合行政的目标特点，即高效、透明是其追求的目标，高效集中体现在留置没有裁量的余地，只能是固定期限3个月。而司法诉讼的目的是公正等正当程序，而正当程序显然在留置中不是处于优先地位。或者严格地说，留置追求的目标不完全是正当程序。

这就可以解释先行拘留的问题。学界和实务界认为监察法与刑诉法的衔接中的先行拘留分为合理说和不合理说。合理说认为先行拘留关键是"逮捕审查的先行措施"，既不是只适用于侦查阶段，也不是完全独立的强制措施，例如违法取保候审和监视居住规定。① 出于对监察机关的尊重，检察机关不能借用留置时限办理刑事诉讼程序中的逮捕措施，当然需要在衔接时设置过渡时限。不合理说认为衔接时侵犯了公诉裁量权，影响了公诉权的行使，使强制措施失去裁量空间，违背了比例性原则。综合来看，不管先行拘留是否合理，这只是解释角度的不同，从立法源头、权力本源、表达内容三方面都体现出行政权的特点。与强制措施的行政性并没有本质的区别，唯一的区别在两者行政职能的指向不同，留置是国家监督的一种保障手段，而强制措施是诉讼顺利进行的保障手段，在行政职能发生转化时，必然需要过渡措施，而这一过渡措施只是桥梁，至于是否合理取决于权力的性质是否发生了变化，变化了就不存在衔接问题，衔接可能是不合理的。如行政裁决和司法判决之间完全不能包容，两者相互之间当然用不到衔接。如果权力性质没变化都是可以衔接的，即都是合理的。这时只能看如何衔接，而不能看衔接了什么。

在之前的监察实践中，可以看到这些做法印证了这一理论假设。

一是留置直接衔接逮捕或取保候审。少数在 7 日内逮捕，多数不足 1 个月，与拘留限制自由时限相当。甚至在留置之前还有传唤。② 在这一判决中，从传唤后 24 小时内留置到执行逮捕，用足 3 个月时限。二是留置衔接拘留、逮捕等强

---

① 2018 年《刑事诉讼法》第 71 条、第 77 条。
② 李某贪污罪，湖北省保康县人民法院刑事判决书（2018）鄂 0626 刑初 101 号，此判决书中显示先传唤，后留置，再逮捕。

制措施。① 这类往往超过一个半月。即从拘留到逮捕是 37 日，留置到拘留是 7 日，或者相反，从留置到拘留是 37 日，从拘留到逮捕是 10 日（检察院时间），从监察留置到刑事诉讼强制措施包含了两个"拘留"期限。三是留置与监视居住交叉适用。前期由公安机关或检察院监视居住，后期由监察委留置，案件查清后直接逮捕。如蔡某贪污罪。② 监视居住与留置并用，如章某挪用公款罪。③

上述直接衔接，可以看出，很多都是留置与强制措施之间的借用或重复适用。因此，即使没有"留置不是强制措施"等法律的规定④，在实践中设立过渡措施也是必要的。例如，在 2018 年 7 月以来的判决书中显示留置与强制措施的空白。⑤ 这些空白时间从 20 天到 60 天不等，显然，这使被调查人长期处于不确定的状态。当然，如果此时取保候审是有利于被调查人的，但是依据监察机关的现有人员配备，显然是不现实的。那么，就职务犯罪而言，这种衔接给予取保候审和监视居住的空间较少，其实大部分就是衔接逮捕措施，据不完全统计，监察留置转为逮捕的高达 90% 以上，这其实就是一种处于同一行政权特征体系之下的审前羁押。目前，这些做法也为涉及监察刑事诉讼程序的两阶段划分，即审前阶段和审判阶段的假设提供了的实践支撑。显然，在另一方面，因为是同一"审前"程序、同一"行政性"羁押措施，也印证了在监察留置和刑事公诉衔接时，为什么立案是不必要的，或者某些省市衔接刑事诉讼，立案阶段只是"形式审查"做法。如果同属于一个审前程序，那么，衔接问题的解决就需要进行协商，在刑事诉讼衔接阶段，监察、检察协商与同意，检察院提前介入监察等实践做法在理论上就具有了合法性。但是，这会带来一个问题，即在程序制约上，检察院的诉讼监督会出现弱化，当然，形式上的制约弱化可以用提前介入等实质的制约强化来解决，但是，针对非法证据排除，则只有在审判阶段才是具有实质意义的外部程序制约。

---

① 朱某帮助犯罪分子逃避处罚，安徽省休宁县人民法院，刑事判决书（2018）皖 1022 刑初 67 号。

② 福建省漳州市芗城区人民法院刑事判决书（2018）闽 0602 刑初 241 号，此案刑期计算是从逮捕开始，未从羁押开始。

③ 浙江省新昌县人民法院刑事判决书（2017）浙 0624 刑初 389 号。

④ 2018 年《刑诉法修正案》第 170 条第 2 款。

⑤ 章某利用影响力受贿罪，浙江省丽水市莲都区人民法院刑事判决书（2018）浙 1102 刑初 401 号。吴某贪污罪，浙江省高级人民法院刑事裁定书（2018）浙刑终 27 号。

第三节　监察留置的程序规范

基于监察留置的复合性，不能进行传统的权力与权力、权利与权力之间的规范，基于监察留置的审前羁押性，打破了原有的各机关之间权力或职能的相互制约关系，基于监察留置的行政性，检察机关的诉讼监督有可能缺乏法律监督的有效性，或者变异为"审前程序"流程内部的实质性的行政制约。在现有的法律规定和司法解释尚不明晰的情况下，实质性的权力制约显然不具有充分的说服力，对监察留置从程序上制约就成为可行的方式之一，也凸显了程序自身的价值。因此，程序规范就成为彰显监察留置自身合法性的主要手段。

一、监察留置的复合性决定了与强制措施衔接的方式和依据

综上所述，监察留置具有复合性，这就决定了其与强制措施衔接时，并不是简单的阶段论或叠加论，而是具有自身独立存在的特殊属性。与刑事强制措施的衔接，既不能视为监察"强制措施"与之衔接，也不能视为监察"侦查"阶段与侦查阶段的衔接，而是一种复杂的综合衔接。这或许可以解释检察机关退回补充调查存在的困惑。首先，一律退回补充调查，检察机关为何不能像之前可以自行侦查，原因在于审查起诉阶段是单一的"平面"起诉阶段，当然面对复合的"立体"监察调查阶段，在退回时，公诉机关没有办法进行程序的选择。监察留置不是侦查阶段，但是又蕴含了侦查权，公诉阶段检察机关当然不能重复使用侦查权，再者，从同属于"审前程序"的理论，当然在同一程序内部不允许"禁止双重危险"式的侦查权力的重叠使用。其次，涉及监察留置的案卷退回、人能否退回的困境。如果人不退回，显然与刑事诉讼被追诉"人"与刑事案件"事"不能分离，即"人随案走"的理论相违背，如果人退回，往哪里退，被调查人面临着看守人员匮乏和场所不足的问题。解决方案仅限于换押手续的调整和留置场所设置的改变，随之出现更多的问题，如"走形式"或"借用期限"等。这都是监察留置的综合性使然，即导致强制措施和相关程序无法一一对应。在理论

上的解决方案在于承认监察留置的独特属性。在监察留置和强制措施竞合时，既不能选择叠加或替代，也不能选择简单的阶段划分，如退回了留置阶段或强制措施阶段。解决方案有二：一是优先适用强制措施，强制措施在人员、场所、规范方面更具有保障性。这符合刑事诉讼有利于当事人原则。甚至可以推广至公安机关、监察机关、检察机关之间因改变管辖而产生的强制措施与留置的变更。二是发生竞合时，选择期限较短的羁押措施。例如关于退回补充调查发生强制措施管辖主体变更，[①] 此时认为是在同一程序中，既不用考虑程序是否变更，又不用考虑事无巨细地制定司法解释或频繁修改法律，保持法律的相对稳定性。

二、监察留置的审前羁押性决定了有条件的人权保障

由于监察留置这种"审前羁押"性质不同于刑事诉讼中的拘留、逮捕等强制措施，前者注重对被调查对象廉洁性的监督，带有极强的行政主动性，后者注重刑事案件诉讼程序和规范。因此，如前所述，人权保障程度必然有所差异。这就决定了监察留置是一种有条件的人权保障。但是，这种人权保障还是应当遵循司法规律。

一是要遵循程序法治原则。一般认为，只有司法程序才遵从这一原则，但实际上，程序法治原则包含的范围更为广泛。从普遍的国际原则来看，纪律程序也要遵循程序法治。[②] 监察留置的权力底线是，其要与保障人权达到动态平衡，与影响重大人身权利的国家权力类似，亦不能恣意而为。[③] 即使监察留置中为了获取口供，那么，在取证时被调查人享有的程序正当利益，特别是被调查人的自由保障等程序权利也是绝对不能侵犯的。《澳门廉政公署》第 12 条之规定彰显了这一程序规范。为此，在 2018 年 3 月 20 日正式通过的《监察法》中，对之前草案

① 杨宇冠教授解决方案是认为一旦进入公诉程序，退回补充调查不能改变程序阶段。参见杨宇冠、高童非：《监察机关留置问题研究》，《浙江工商大学学报》2018 年第 5 期。黄维智教授认为，此问题需要《刑事诉讼法》明确退回补充调查期间刑事强制措施的相关责任划分，细化规定。王沿琪、黄维智：《监察办案与审查起诉程序衔接问题研究》，《西南民族大学学报（人文社会科学版）》2018 年第 11 期。

② 陈光中：《21 世纪域外刑事诉讼立法最新发展》，中国政法大学出版社 2004 年版，第 86 页。

③ 依据《联合国公民权利和政治权利国际公约》第 9 条，拘禁也是对自由的剥夺，必须受到程序的制约。参见［奥］曼弗雷德·诺瓦克：《〈公民权利和政治权利国际公约〉评注》，孙世彦、毕小青译，生活·读书·新知三联书店 2008 年版，第 229 页。

中关于人权保障规定空白进行的重要的调整，可以视为对这一程序法治原则的认可。

二是律师帮助制度。为了保障人权，必须符合基本的诉讼构造，理应在调查程序中给予被调查人辩护的权利，之前国内就有过助辩人的实践①，在域外反腐败机构也有调查阶段聘请律师权利制度设计②，例如新加坡贪污调查局、香港廉政公署。当然，也有例外，如澳门则在律师帮助制度上较为严苛，反贪调查阶段一般是不允许律师参与的。《刑事诉讼法》2018 年修正之后，一些学者还提出在留置场所设置值班律师的建议，监察调查自身的较为封闭属性使值班律师制度不可能大范围推行。

考虑到人权保障是有条件的，调查期间国家利益、公务秘密以及取证的特殊困难也要平衡。因此，监察留置阶段的法律帮助可以借鉴国外的一些做法。一是监察听证制度。这种听证是不公开听证。借鉴加拿大"侦查听证制度"③，只有辩护人或法律帮助者参与监察机关组织的听证，被调查人不参与听证，保障留置期间被调查人的基本权利。二是特别律师制度。借鉴反恐阶段的特别律师制度④，对监察调查阶段的律师实行"监察认证"制度，经过认证之后的律师可参与到监察案件的留置措施，其可以从监察机关那里得到关于案件的材料或内容概要，但其与被调查人之间禁止交流。当然，如果已经明确了犯罪事实，特别是从执法部门移交过来的刑事案件，必须保障律师会见权，这样才能最大限度地保障被调查人的人权，防止发生非法取证。

三、监察留置的行政性决定了外部程序制约最为有效

正如上述关于监察留置行政性的分析，立法来源、权力本源和表达内容都具有行政性特征，那么结合之前对于监察留置的内涵分析，一条理论线索隐含其

---

① 参见罗昌平、张洪凯：《中纪委下发双规指导性文件力保被查者五项权利》，《新京报》2006 年 5 月 9 日。五项权利即申辩权、申诉权、人身权、知情权和财产权。

② 参见熊秋红：《监察体制改革中职务犯罪侦查权比较研究》，《环球法律评论》2017 年第 2 期。

③ Joint Committee on Human Rights, Counter - Terrorism Policy and Human Rights: Prosecution and Pre - Charge Detention, 24th report of session, 2005 - 2006: 22 - 27.

④ 倪春乐：《论反恐情报的证据转化》，《中国人民公安大学学报（社会科学版）》2012 年第 4 期。另参见 Chahal v. United Kingdom (1997) 23 E. H. R. R. 413。

中，即从根本上监察留置就具有与生俱来的复合性，加之对现代刑事诉讼理论在程序划分的重构、立案等问题的改变，注定了监察留置是一个行政性的审前羁押措施，而这一审前羁押措施在衔接时由于其特殊性导致与起诉程序交织在一起，形成了一个难以分割的完整的审前程序。这就产生了许多棘手的现实问题，如留置羁押时间过长、程序过于简易等。① 最具有可行性的是，对于留置的程序规范，外部制约最为有效。可喜的是，《监察法》体现了限权的法治原则，一些重要的侦查权，如通缉、技术侦查由公安机关掌握。公诉权及监督权由检察院掌握，如退回补充侦查、起诉权。近来检察院也进行了留置监督的试点等。② 从目前来看，虽然检察院更适合对监察留置进行外部审查③，但是根据"审前程序"的论证，监察与检察，特别是衔接时，在本质上还是一致的，显然诉讼监督的有效性还需要进一步观察。法院对监察留置进行外部程序性的制约，理论上来看，还是可行的，这也是审判中心主义的理念所要求的。从法院的角度构造三方面外部的程序制约。

一方面，是审判机关对留置期间监察机关调查行为的合法性进行协助审查，必要时候提出非法证据排除建议，由监察机关选择提交法院对被调查人留置期间被讯问的合法性进行裁定；就目前来看，实施效果还有待观察。2018 年以来，有三起监察案件提起了非法排除程序，最典型的是吕某挪用公款、受贿案。④ 但遗憾的是，都被法院驳回。这种驳回的原因还在于监察机关与审判机关的沟通协调机制不顺畅所致。在审判机关现阶段难以有效参与监察案件的非法证据排除的情况下，围绕监察留置的"行政"性，监察机关自身可以比照行政听证模式建立非法证据排除的违法确认制度，类似检察机关的"逮捕听证"，依申请或依职权对留置期间取证行为（主要是讯问）进行合法性的审查判断，在听证时，实行举证责任倒置，如果监察机关不能排除在留置期间非法取证的可能性，则确认留置行为非法。留置期间取证行为在程序上认定为无效，原有调查人员或部门实

---

① 参见张建伟：《监察至上还是三察鼎力——新监察权在国家权力体系中的配置分析》，《中国政法大学学报》2018 年第 1 期；陈瑞华：《论监察委员会的调查权》，《中国人民大学学报》2018 年第 4 期。

② 天津日报"首次！检察院对监察委留置场所开展监督"，http：//www.sohu.com/a/236247348_650721，2018 年 6 月 17 日第 14 版。

③ 参见汪海燕：《监察制度与〈刑事诉讼法〉的衔接》，《政法论坛》2017 年第 6 期。

④ 浙江省绍兴市中级人民法院刑事裁定书（2018）浙 06 刑终 140 号。

行回避，另行指派调查人员对被监察对象重新展开调查，在理论上可以认为审前羁押程序效力待定。在进入刑事诉讼后，发现上述取证不合法的线索，由检察院进行取证行为的补正，主要是讯问获得的口供，通过重复供述规则①，对监察留置期间获得的供述证据予以合法性的"补正"，如果此时取得的供述不能补正，则依据非法证据举证规则予以排除。② 在理论上认为通过检察院对审前程序进行了补正。而这种"程序补正"的依据仍然来自于行政法中的程序瑕疵补正理论。③ 其目的在于恢复程序的完整性，一般不对实体判决产生实质性影响，但的确是对被追诉人程序权利的尊重。既保证了监察机关监察活动的顺利进行，又保障了被调查人最低限度的权利。如果进入二审，仍然不能合理解释留置期间取得供述的合法性，则相关证据材料不具有证据效力，进行无罪判决；如果供述合法性已严重影响司法公正，出于国家利益权衡的考虑，监察机关坚决要求判决的，则可以做出程序存在瑕疵的有罪判决。优先考虑国家利益的同时，在司法判决权威与衡量相关利益之间取得平衡，以彰显法治精神。

基于监察留置的复合性，司法权的监督一般较为薄弱，用设置合理的程序协助监督行政权中的监察留置，符合并发展了"把权力关在制度的笼子里"权力制约理论，形成司法职能协助监督模式，避免了检察机关诉讼监督由于各方面因素的掣肘而造成效率低下。这样设计有三个好处，一是避免实体判决，解决司法力量难以介入监察执法活动，在监察调查中缺失刑讯逼供罪的难题；二是避免低层级权力监督高层级权力，审判权作为司法权，受到监察权力的监督，而监察对象只要进入刑事诉讼程序，受级别影响，省市级监察委的留置对象的管辖会出现错乱，特别是涉及非法证据排除，如果检察院不起诉，需要上一级检察院同监察委交涉，造成级别的不对应；④ 三是体现以审判中心的刑事诉讼理念，用司法类型的程序制约监察留置权力滥用问题。一审判决前通过监察听证确认违法之诉解决程序制裁问题，二审通过保留性的裁判解决管辖对应问题。这同时也解决了法

---

① 2017 年 12 月 27 日《人民法院办理刑事案件排除非法证据规程（试行）》第 1 条第 2 款。自 2018 年 1 月 1 日起实施。

② 2017 年 12 月 27 日《人民法院办理刑事案件排除非法证据规程（试行）》第 6 条第 2 款。

③ ［德］弗朗茨－约瑟夫·派纳：《德国行政程序法之形成、现状与展望》，刘飞译，《环球法律评论》2014 年第 5 期，第 120 页。

④ 《监察法》第 47 条第 4 款。

院不能直接针对监察调查非法证据进行排除的难题，通过程序的重新设置，法院直接对公诉程序进行程序制裁，符合刑事诉讼构造理论。在监察留置阶段，能够充分有效地保障被追诉人的合法权益，在程序上能有相应的法律帮助的设计制度，则能够切实有效地针对留置阶段的取证合法性进行监督，保证程序性制裁有效及时地运行。

另一方面，如果进一步改革，可以仿照逮捕必要性审查，考虑建立留置建议制度。法院对留置建议的合理性进行事前协助审查，一旦发现涉及刑事犯罪的较长有期徒刑的判决可能性较小，依据比例原则，提出司法建议或意见缩短留置期限。还可以对涉及严重违法留置期限的合理性做出审查意见。出于监察机关常使用跨地域的指定管辖，基层人民法院当然不适合充当这一司法协助者角色，中级人民法院较为适宜，从监察执法实践来看，留置场所也常常设置在中级人民法院所在地。如果存在回避或不宜管辖的情形，巡回审判庭可能是最好的选择。在未行使跨地域刑事审判管辖职能时，既可以尝试先从监察留置建议的司法协助审查做起，也可以设置监察听证程序，单独对监察留置，或者延伸至监察调查权进行监察行为的程序制约，这一设置的好处是可以对监察进行完整、高效、权威的程序制约，听证机关的地位、角色、职能仍存在进一步完善问题。

最后，为了增强被监察调查人的程序选择权，可以考虑设立程序异议制度。而这一程序异议制度也类似于行政性质的听证。此种程序异议主要针对犯罪情节显著轻微，或证据不完整不充分，仍然被强行起诉的。目的是通过程序异议，增强最低限度的人权保障。具体做法是，如果不能保证在留置阶段介入律师，被监察调查人如果有异议，可以通过检察院向监察机关的处理结果提出异议，由检察院进行留置必要性审查。检察官、律师、监察执法人员三方进行程序异议的听证，如果检察院不接受异议，可以向法院提出异议之诉，通过法院向同级检察机关发出司法建议，程序异议如果成立，则可以作为非法证据排除的主要依据。

从这一系列的外部程序制约的理论构想来看，不论是前置的"留置"行为的司法性质的听证审查，还是程序异议制度的建立，都必须基于监察留置的"行政性"的理论假设。

综上所述，通过案例和相关法律条文的分析和阐释，本书沿着监察留置的权属探讨、理论界定进行了由宏观到微观，由外部到内部的逻辑推导，构造了不同以往的涉及监察职务犯罪调查追诉活动的审前程序和审判程序的两阶段衔接的刑事程序模式，得出了监察留置可以视为一种行政性的审前羁押措施的结论。目的是为了防止在行使职务犯罪调查职能过程中监察权力滥用的可能——将权力牢牢束缚在制度的笼子里，基于司法职能监督制约的法治理论，在前两者论证的基础上呈现了一种可能有效的外部程序制约机制，针对监察留置中的非法取证问题，设想了行政听证前置、程序异议等一系列制度，并从中发展出一种可能的程序补正理论。在认罪认罚从宽制度普遍适用，疫情等"突发性公共事件"长期影响下，快侦速审，打击震慑、提高诉讼质效的司法效率提升观逐渐占据刑事司法突然舞台，刑事被追诉者诉讼权利进一步压缩，程序规制越发显得迫切和必要，如此，程序公正的价值更加具有"以人民为中心"法治意义。希望这些理论假设能为《监察法》适用完善和两法衔接做出贡献，研究中国模式，提升具有中国特色的法治理论自信。

本章补充注释

［1］庞永强：《论监察留置措施运用中的问题及其制度完善》，宁波大学硕士学位论文，2019 年。

［2］许双武：《监察委员会的留置措施研究》，青岛大学硕士学位论文，2018 年。

［3］王亚辉：《监察留置措施与刑事强制措施衔接问题研究》，南昌大学硕士学位论文，2019 年。

［4］张琪：《论我国未决羁押制度的完善》，甘肃政法学院硕士学位论文，2019 年。

［5］张旭：《监察机关留置权的自由裁量问题探究》，《广西政法管理干部学院学报》2020 年第 3 期。

［6］李菲菲：《职务犯罪调查留置措施适用问题研究》，东南大学硕士学位论文，2019 年。

［7］张志：《论我国监察留置措施的适用困境与完善建议》，青岛大学硕士学位论文，2018 年。

［8］付紫文：《协同治理视角下县级监察机关调查权运作研究》，华中师范

大学硕士学位论文，2019 年。

[9] 陈悦莹：《监察委员会职权配置研究》，华南理工大学硕士学位论文，2019 年。

[10] 江苏佳：《银发群体的信息生产及传播优化》，《青年记者》2020 年第25 期。

第六章　疫情时期的犯罪治理与
刑事侦查的调整改革

几十年以来，我国的司法改革一直平稳进行。社会主义民主法治日渐完善。有中国特色的法律制度体系基本形成。2004 年十届全国人大二次会议通过宪法修正案，将"国家尊重和保障人权"写入宪法。近十几年来中国还进行了一系列重大的司法改革，这些司法改革为中国的民主和法制带来了巨大的进步。但是，正当我国的司法改革稳步前行的时候，2019 年末一场突如其来的疫情发生在中华大地，似乎打乱了司法改革的脚步。随着疫情的发展，我国的犯罪形势出现了新的变化。面对新的犯罪形势，社会治理的要求也与疫情前的常规时期不同。这些新的情况和问题有可能对我国司法改革的方向和内容造成影响。疫情终将过去，但司法改革却不会终止。中国司法改革的进步来之不易，不应该因为新冠疫情而停下脚步，也不应该因为新冠肺炎疫情改变方向。因此，本章拟分析疫情时期刑事司法改革面临的犯罪形势、涉疫类犯罪的成因与治理，并在此基础上讨论疫情时期的刑事侦查调整和改革。

第一节　疫情时期新的犯罪形势

新冠肺炎疫情发生以来，在党中央的坚强领导下，全国上下齐心协力，快速控制了疫情的发展。不过，在众志成城抗击疫情之时，也有一些不和谐的杂音传出——疫情时期仍然有犯罪发生，由于疫情期间的隔离封闭措施，犯罪的种类和形式都有所变化，这就给我们提出了新的挑战，在本节中笔者将会详细分析疫情时期刑事司法改革面临的新的犯罪形势。

涉疫类刑事案件触及社会各个层面，问题庞杂而细碎，因此重要而清晰的线索显得异常重要。在涉疫类刑事案件中，经济类案件占比高达70%，此类案件罪名分散，细析之，假冒注册商标、销售伪劣产品、非法经营等犯罪都含有虚构、隐瞒、诈欺的成分，看起来诈骗类刑事犯罪似乎是疫情期间刑事犯罪的主要标志。然而，实际却并非如此。网络舆情大数据比对分析显示，诈骗类案件占比围绕着疫情发展上下波动，起伏不大，并没有明显的特异性，反而是虚构、编造虚假信息等谣言类犯罪规律性较为明显。细究之，无论涉疫类刑事案件总体数量如何变化，谣言类犯罪显示出恒定性，根据数据分析，谣言可能是疫情期间刑事案件变化规律的重要指征。

疫情期间的隔离封闭措施引发了犯罪从手段方式到内容结构的深刻改变，特别是网络犯罪与信息犯罪发生分野①，谣言类犯罪一跃成为疫情类犯罪的风向标。不仅如此，各类犯罪的标准和界限也发生了一定调整。后疫情时代，司法考量的妥当性应当与疫情防控的社会需要相契合，由此带来的司法裁量思维的改变，也应显现尊重自然规律同遵循社会规律的统一趋势。

根据2020年的相关司法解释，一共9大类犯罪34种罪名，比2003年"非典"时期虽然数量上有所增加，实际罪名却未实际增长。这缘于司法改革过程中对新冠肺炎疫情引发的犯罪标准和罪名的不断调整，原因在于各个罪名之间有包含和交叉关系。例如，对于虽未违反国境卫生检疫，但在乘坐航空器时，不如实报告涉疫情信息的，从妨害国境卫生检疫罪转化为妨害传染病防治罪。

值得关注的是，权威新闻媒体发布的涉疫类刑事案件罪名多数与网络疫情信息有关。从2020年2月19日至今，互联网平台起诉制假售假、虚假宣传防疫功效、网络诈骗、微信批量处罚违规公众号小程序、哄抬物价、疫情谣言、虚假广告、公号炮制克隆文章②等信息连续发布，多数以刑事案件结案。截至2020年2

---

① 参见莫洪宪：《重大疫情防控中信息犯罪的刑事规制边界》，《人民检察》2020年7月。

② 福建薛某编造、故意传播虚假信息案。参见 http://society.people.com.cn/n1/2020/0428/c1008 - 31691860.html，2020年4月28日，来源：澎湃新闻。

月 26 日，以谣言为关键词的舆情信息 5910747 条，其中，与新冠肺炎直接相关的谣言占 57.12%。① 与谣言有关的各类刑事案件网络舆情占比集中在 3% ~5%，只有口罩超过 7%，即网络谣言对各类刑事案件普遍影响比例均衡。② 北京警方从 2020 年 2 月 27 日到 7 月 11 日连续发布十余起疫情网络谣言查处警情通报。从立法来看，涉网管控法律重磅出台，2020 年 3 月 1 日起，《网络信息内容生态治理规定》正式施行，其中对不良信息传播的相关问题进行了明确规定。加大了内容平台的主体责任，加强了防范谣言流出，减少谣言社会伤害的预防机制。

因此，涉疫类刑事案件的主要聚焦于网络，诈骗类、谣言类等经济类案件，受到社会媒体和公众广泛关注，直观上指明了涉疫类刑事案件的重点方向。然而，实际情况还需要相关数据分析提供精确的依据，彰显司法改革研究的必要，指明应对的方向。

从全国范围来看，各类媒体的全方位报道，为司法改革相关的刑事案件发案量、逮捕数量、起诉数量提供了翔实和宝贵的数据，尤其是大数据的广泛应用为准确的刑事诉讼各阶段的诉讼梯度、适用规模揭开了原本看似神秘的"面纱"。以经济发展梯度为标准，东南部省份（福建）和中部省份（安徽）具有相当的代表性，与北京、上海、广州、深圳等一线城市进行对照分析的效度较高。为刑事司法的实际运行提供了宝贵参照。由于媒体不同，报道时间不同，数据分散，因此，根据正式移送检察院审查的案件为考察基点进行相对比较分析：刑事案件数量从北到南总体呈递增趋势，与实际的经济发展程度未显示相关关系。而从起诉成功率来看，城市经济程度与起诉率呈正相关关系，公安机关查获案件数量同正式起诉数量差距较大。从案件总数来看，涉疫类案件违法犯罪数量在各省市间基本持平。（见图 6-1）涉疫类案件总体下降，并未引起刑事案件数量的明显下降，刑事案件在法院阶段，在不同省市的不同时间仍然维持月平均 40 件（受理）的高位。综合分析说明，刑事案件与新冠疫情因素关系如下：

---

① http：//yuqing. gsdata. cn/vindex/allAnalysis? type = total.
② 搜索关键词为：非法经营｜诈骗｜寻衅滋事｜拒不履行信息网络安全管理义务｜虚假信息｜虚假广告｜伪劣产品｜假药｜劣药。口罩作为疫情防控关键，是网络谣言的焦点词汇。

省份	福建	北京	上海	广州	深圳	安徽
公安刑事案件	253 (2.19)	153 (3.24)	**200 +** (3.5)	226* (2.11)	460* (4.14)	339 (2.21)
检察刑事案件	326 (3.10)	34 (3.24)	28 (3.31)	4/52	113 (3.4)	165 (3.9)
法院刑事案件	43 (2.3)	28 (3.24) 43 (4.3)	37 (4.28)	4	46 (4.7)	29/46
案件总数	664 (2.19)	671 (3.24)	233 (4.28)	81 (6.7)[1]	1007[2]	135/614[3] (7.9)

图 6 - 1　涉疫类案件违法数量

注：括号内为统计时间，斜杠后为批捕或起诉数量，例如上海提起公诉 28 件。*代表公安机关查获案件总数。加粗数字仅统计诈骗数量。

刑事司法案件有其独特的规律性，即使是疫情期间各地刑事案件发案量、受案量仍处于相对平均的状态。其经济发展程度仅与起诉成功率有关。上述统计数据并未因非常时期公共应急措施而有所变化。由于平时的刑事案件的相关信息一直处于非公开状态，因此，无法同历史同时期相比较，因此，可能有三点值得密切关注：第一，司法改革成果显著，疫情期间全力推广发布的相关司法解释、政策文件、典型案例等，产生了"同案同判"的实际效果。从某种角度来看，即使是疫情，也没有改变中国司法改革的方向目标清晰，司法适用总体运转良好的基本态势。第二，疫情期间广泛实施的认罪认罚程序可能冲淡了司法改革的实际目标，由于 90% 以上的案件适用认罪认罚[4]，刑事诉讼程序大大提速，有可能使司法精准化在实践中产生计件标准化的"司法产出"，司法适用的差异化被"司法精准化"迅速填补，司法程序的公正受到一定影响。这两种情况如果事后得到

---

① 魏丽娜：《法院工作报告 | 依法从严从快审结"涉疫"案件 81 件》，https：//news. dayoo. com/guangzhou/202006/07/139995_ 53370561. htm，2020 - 06 - 07，来源：广州日报大洋网。

② 肖波：《深圳法院紧抓疫情防控与审判执行工作纪实》，https：//www. chinacourt. org/app/appcontent/2020/04/id/4884953. shtml，2020 - 04 - 07，来源：《人民法院报》。

③ 全省法院受理涉疫刑事案件 135 件，审结 120 件，结案率达 88.89%，平均审理天数 13.46 天，当庭宣判率达 82.5%，《安徽执行：安徽法院上半年执结案件 155791 件，执结标的额 684.10 亿元》，https：//www. thepaper. cn/newsDetail_ forward_ 8219320，2020 - 07 - 09，来源：《澎湃新闻·澎湃号·政务》。

④ 温璐、孝金波：《涉疫情案认罪认罚适用率逾九成》，http：//legal. people. cn/n1/2020/0309/c42510 -31623420. html，2020 - 03 - 09，来源：《检察日报》。

明晰的解释，皆是珍贵的经验样本，无疑对此后的司法改革具有重大的指导意义。

全国数据来看，截至 2020 年 5 月，全国审判机关共审结各类涉疫案件 2736 件，审结率平均约为 90%，全国检察机关 2020 年 2~4 月，共批准逮捕涉疫刑事犯罪 3751 人，2 月 25 日至 4 月 30 日三个月上涨了 122%，4 月 2~17 日半个月上涨了 12%，4 月 17 日到 7 月 20 日三个月上涨了为 54%①（见图 6-2），由上述数据可以看出，虽然从发案到批捕有一定的延时性，除了 4~5 月的缓和增长之外，疫情前期和疫情后期刑事案件还是保持着快速增长的势头，结合前述法院受案量的分析，刑事案件与新冠疫情保持着高度相关，而且与疫情的发展趋势并没有直接的关联，随着疫情的缓和，涉疫类刑事案件的数量并没有明显的改观，疫情前期上涨百分数较高是因为基数较低，但上涨斜率与疫情后期相比，变化不大。这说明刑事案件的处置在疫情的防控肩负着重要责任，质言之，疫情期间的刑事法治具有不可替代的作用。

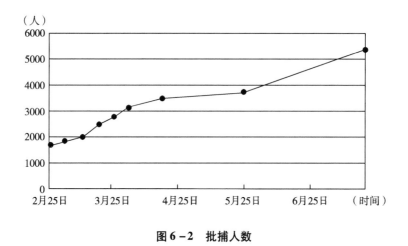

图 6-2　批捕人数

从公检法处置刑事案件的类型和数量关系来看，检察院在涉疫类刑事案件的提前介入使侦查阶段的数据的可靠性有了相当充足的依据，这为刑事司法批捕起

---

① 最高检：《1~6 月检察机关受理审查逮捕妨害新冠肺炎疫情防控犯罪 6624 人》，https://baijia-hao. baidu. com/s? id=1672701874996749748&wfr=spider&for=pc，2020-07-20，来源：中国长安网。

诉质量的高低以及司法适用的效率在数据上提供了翔实的依据。虽然仍有一部分案件在侦查阶段被公安机关大量分流、吸收、转化，但是这部分案件案情简单、证据易于收集，本身就不是与司法改革相关的重大疑难问题关注所在，而涉疫类刑事案件的新颖多发，使公安机关在前期无法准确把握，为大部分案件由检察院提前介入提供了充分的契机，因此从这一意义上分析，公安机关实际刑事发案数大致等同于检察院介入刑事案件数，其中的大部分虚浮数据"水分"被较为充分地挤出，这为疫情刑事治理的有效评估提供了较为现实可靠的基础数据。

以此为依据，涉疫类刑事案件公安机关提请逮捕阶段的案件占总案件量的百分比浮动期间为 [27-28]，上下比例不超过 0.2%，接近于谣言类案件占比（30%）（见图 6-3）。随着公诉质量提升，涉疫类刑事案件审判水平也在提高。与疫情初期相比，在 5~6 月，涉疫类刑事案件趋近从重处理，司法的适用程度得到明显加强，但也可能与被追诉人的诉讼权利受到了一定程度的限缩有关，亦可能与后期认罪认罚检察院量刑建议精准化带来的积极效果关系密切。但是，值得关注的是刑事案件类型的变化，从易发常发的 9 种刑事案件来看，诈骗案件和妨害传染病防治的案件比例较高。然而，经济类案件数量占据绝对优势，统计结果显示在 70% 的区间内上下浮动，其中诈骗类案件占比接近 60%，与最高人民检察院上半年统计（43.4%）相比，略低约 10 个百分点。也许在于逮捕和起诉统计标准的不同。

案件数/截止时间	3 月 19 日	3 月 26 日	4 月 2 日	4 月 17 日
公安刑事案件	2375	2681	2987	3324
检察刑事案件（批捕）	2040	2304	2607	2910
法院刑事案件（公诉）	1416	1561	1778	1980
经济类案件总数	>69%	>71%	>73%	>68%
谣言类	0.38%	0.34%	0.31%	0.25%

图 6-3　涉疫案件数量

注：公安机关刑事案件数量根据检察机关审查批捕数确定。

这一原因可能在于诈骗存在一定的未遂或自首，致使起诉率降低，也可能在于统计依据不同，逮捕的统计依据是案件数，起诉的统计依据是人数。在上述未遂及自首比例的影响下，逮捕和起诉比例存在恒定性，即犯罪人数在所有案件占比可能存在 0.4 的常数。与经济案件总数占比的进行比较，诈骗占经济案件总数的 75%，从刑事拘留的统计来看，诈骗案件占 26%，可以得出三个数量关系公式：

（1）诈骗案件刑拘件数占比：诈骗刑事案件逮捕件数占比：经济刑事案件起诉件数占比 = 1：2：2.68。

（2）诈骗刑事案件逮捕人数占比：诈骗案件起诉人数占比 = 1.4：1。

（3）诈骗案件刑拘件数：刑事案件成功起诉件数 = 105：100。

从统计意义上，研究诈骗类刑事案件实质上等同于研究整体刑事案件。因此，诈骗案在涉疫类刑事案件中具有典型代表性。例如，认罪认罚从宽可能带来自首率的提升，而自首率的提升也变相加快了刑事诉讼效率的提高，出现轻重程序分流有序、诉讼效率提升等司法改革所期望可喜局面，也有可能在长期之后，在某些类似疫情的突发公共事件的"合力"作用下，出现重罪程序保障不足、类似辩诉交易的弊端等"捉襟见肘"的不利局面。因此，在未来的司法改革推进中，建构一定要与经验相辅相成，既不能在试点地区的局部成功就沾沾自喜，也不能盲目地依据理论予以构建，这也是实然的司法与应然的司法相互交织，互为补充，彼此冲撞之意。

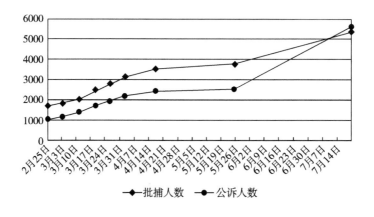

图 6-4　批捕公诉关系

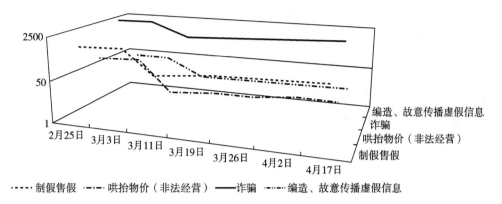

图6-5 最高检案件类型趋势（对数）

就北京来看，诈骗占涉疫类刑事案件量总体较少，不足1/3，同相关省市相比，占比过低（见图6-6）。这可能与北京诈骗类刑事案件的公开数据较为欠缺有关。从北京公布的典型案件来看，诈骗占比也较低，同期数据（4.2~4.3）分析显示，北京诈骗案件占比（26%）：全国诈骗案件占比（57%）=13:19①，即北京数量约占全国数量的46%，这与不同时期全国抽样省市公诉占比一致（46%）。从趋势上也与全国保持一致，呈上涨趋势。因此，相关研究同样有重要意义。可以推断，相关规律应当大致与全国保持一致。

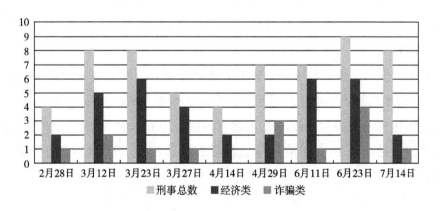

图6-6 北京刑事案件类型数量关系

---

① 《2020年2月至今北京法院共受理一审涉疫情类刑事犯罪案件43件55人》，https://baijiahao.baidu.com/s？id=1662943412771939429&wfr=spider&for=pc，2020-04-03，来源：中国新闻网。

北京警方发布的谣言报道，使谣言成为对涉疫类刑事案件的研究另一观察视角。例如，以2020年4月2日为基准点，从2月28日至6月23日的权威媒体公布典型案件来看，北京诈骗案件数：北京谣言类案件＝13∶1，北京诈骗刑事案件占比（25%）∶北京谣言类刑事案件占比（1.9%）＝1∶14。北京谣言类刑事案件占比是全国谣言类刑事案件占比的7.6倍。

北京谣言案件数量是 x，$f(x)$ 是北京诈骗案件数量，u 是常数，取值范围在 13~14，其大致推导公式为：

$$f(x) = ux \pm 0.4, \quad u(13, 14)$$

换言之，1起谣言在北京可以与14起诈骗建立正向关系，北京14起诈骗可以与全国近200起诈骗刑事案件建立关联。简言之，北京谣言发生量可能是全国的2倍。从总体趋势来看，根据曲面折线图反映（见图6-5），谣言类刑事案件与诈骗类刑事案件趋势亦呈正相关关系。因此，谣言研究是推动其他涉疫类刑事案件研究的关键环节。同时，对于北京来说，谣言类刑事案件是研究谣言同法治之间关系的桥梁。

通过涉疫类刑事案件的罪名和相关地区类型、数量及关系分析，一个基本特征就是，涉疫类刑事案件虽然总体数量在下降，但诈骗类犯罪的趋势在上升，谣言类犯罪虽然总体保持平稳，但是刑事法律治理效果不理想，作为涉疫类刑事案件的"导火索"和"驱动力"，网络谣言的刑事治理始终是一个充满矛盾和富有挑战的话题。

涉及公安机关刑事司法职能研究方面，主要有犯罪管辖的优化[1]和侦办策略等[2]，这些仅局限于具体问题层面，没有从根本上解决问题。因此，有必要以网络舆情为研究路径，以谣言类犯罪为研究主线，进行影响因素的全面剖析，尝试厘清新冠肺炎疫情与网络传播、社会治理、法治等各方面的内在机理。

---

[1]　张攀：《如何实现涉疫刑事案件侦查管辖最优化》，《检察日报》2020年3月2日。

[2]　马加民、王廷：《公安机关涉疫情刑事案件侦办策略》，《中国刑事警察》2020年第3期。

第二节 涉疫类犯罪的成因与治理分析

一、涉疫类犯罪的成因分析

(一) 概述

通过以上涉疫类刑事案件的分析，一个清晰的图像浮现出来，网络问题是切入涉疫类刑事案件的最好路径，要想透彻分析涉疫类刑事案件，必须从网络角度入手。

从上述涉疫类刑事案件的分布类型、数量和趋势特点来看，经济类案件尤其是诈骗案件网络因素占了相当大的比例，其趋势发展为：一是模仿网络媒体公布的犯罪手法，一些人员模仿网络媒体中报道的行骗方法进行犯罪活动。二是对虚假舆情进行加工炒作，网络暴力逐渐形成气候。[1] 然而政府干预机制研究欠缺[2]，有必要将治理上升到方法论高度。

研究表明，疫情犯罪同网络舆情及社交距离密切相关。[3] 新冠疫情网络舆论主要集中分布在交通便利、人口众多的城市群。省级重点疫区、城市群和跨界地区是网络舆情应对和控制的重点。[4] 政府对疫情信息的及时传播和更新，有助于

① 《新型网络暴力：更新"武器库"运作假舆情》，http://yuqing.people.cn/n1/2020/0721/c209043-31791245.html，2020 年 7 月 21 日，来源：半月谈。

② 王红兵、王光辉：《社会事件网络舆情的政府干预机制》，《中国科学院院刊》2015 年第 1 期第 30 卷。

③ Qazi A., Qazi J., Naseer K., et al., "Analyzing Situational Awareness through Public Opinion to Predict Adoption of Social Distancing Amid Pandemic COVID-19", *Journal of Medical Virology*, 2020, 92 (7): 849-855.

④ Han Xuehua, Wang Juanle, Zhang Min, et al., "Using Social Media to Mine and Analyze Public Opinion Related to COVID-19 in China", *International Journal of Environmental Research and Public Health*, 2020, 17 (8).

稳定公众情绪；谣言犯罪与融媒体相关①，从新媒体与传统媒体的融入用户、受众和传播者的融合，公众参与权和话语权的扩大甚至左右着某些公司企业的未来发展；网络谣言被犯罪者有意改变并高频利用。在受到恐惧和焦虑的驱动时，人们对谣言的判断和决策会发生显著变化。② 例如，网络焦虑症导致负面情绪的增加，人们可能会更多地依赖有关 COVID－19 的负面信息来做出决定。③

因此，在网络融媒体的环境下，基于错误和变形，使普通民众更难获得正确的信息，谣言有了滋生的温床。在面对刑事犯罪侵害时，人们的辨识能力和抵御能力也在下降。在融媒体的环境下，犯罪嫌疑人只需要轻触鼠标，就可以超出意料地获取各种犯罪目标，在夹杂着谣言的波涛中被公众助推，被无意协助，恣意潜行。谣言成了犯罪者的隐形秘密武器。

（二）主要理论依据

研究至此，我们发现，涉疫类刑事案件仅局限于现象分析，并不能满足于实际治理和应对的需要，还需要深入探究其背后的理论渊源。

1. 三个空间理论

在网络舆情、融媒体环境、犯罪有意改造下的涉疫类犯罪，符合三个空间理论，即物理现实空间、社会心理空间、网络空间。④ 这一空间理论下，需要研究它们之间怎么传播、互动，是怎么产生撕裂、形成鸿沟的。按照传播学理论，传统媒体下彼此是和谐共生的关系；新媒体的出现，导致个体的心理空间压缩至自我选定的网络群落里。一方面，三个空间彼此撕裂。此时，个体对自己身处其中的现实居住物理空间走向疏离。精神寄托的网络群落与现实居住的物理空间往往

---

① 出现第三方、网络谣言、网络动员的舆情事件热度较高，意见领袖的出现对网络舆情热度没有显著影响；网民舆论倾向性非常正面的舆情事件传播热度较高。政府干预的时效性越差，网络舆情热度越高，政府干预级数与网络舆情热度正相关。See Bavel J. J. V., Baicker K., Boggio P. S., et al., "Using Social and Behavioural Science to Support COVID－19 Pandemic Response", *Nature Human Behaviour*, 2020, 4 (5): 460–471.

② Allen D. K., Karanasios S., Norman A., "Information Sharing and Interoperability?: The Case of Major Incident Management", *European Journal of Information Systems*, 2013, 23 (4): 418–432.

③ 邱泽奇：《技术化社会治理的异步困境》，《社会科学文摘》2019 年第 2 期。

④ "社会空间就成为具有共同属性的社会群体所组成的地域，并且地域内的群体具有相似的感知和强烈的区域认同感。地域与其他形式的空间不同之处在于，它是社会意识形成的主要工具之一。"参见曾文、张小林：《社会空间的内涵与特征》，《城市问题》2015 年第 7 期。

是不一致的，有可能产生对抗。[①] 而疫情期间社交距离的长期存在，使这种关系发生抵触和对抗。具体到涉疫类刑事案件，这代表疫情谣言等网络形态的出现，不是偶然的，而是共生的。与新冠肺炎疫情对人们的社会心理冲击，现实的社区隔离、疫情防控措施共同作用，相互影响。另一方面，三个空间也是彼此承接的。在刑事司法的意义上，其目的明确指向了现实空间，即为了谋取非法利益，主要集中在经济利益上。现实空间经济的下滑，复工复产的迟滞带给了人们更多的负面的社会心理，这种社会心理能量的聚集和宣泄，造成了网络空间弥漫着以谣言为代表的不良、错误的信息。甚至可以说，经济类刑事案件的出现正是犯罪人群利用了人们信息等数据鸿沟的扩大。

结合沉浸体验（Flow Experience）理论[②]，正是疫情引发的社交距离的扩大，使人们与现实物理空间产生张力，沉浸在个体的网络群落空间内，使信息的接受更加碎片、狭窄、孤立和充满偏见，使个体之间、社会之间的鸿沟更加扩大，更易受到谣言等不良信息的影响。人们对事物的判断不仅取决于自我认知的主观判断，还要受到客观环境的影响，用户所处的时间段、所处环境状态以及用户的情绪状态都会影响到用户的意愿或行为。突发公共事件中，意见领袖对从众传播意愿不具有显著影响，沉浸体验只对从众传播意愿具有显著正向影响。[③] 质言之，新冠疫情等突发公共卫生事件的出现，使谣言传播的方式发生了新的变化，意见领袖的作用急剧下滑。传统媒体公众传播走向以微信为代表的小世界网络传播[④]，社交距离的扩大使人们更愿意相信微信等"熟人"网络，谣言的传播效率更高。大数据研究表明，这一趋势是现实存在的（见图6-7）。[⑤]

---

① 于小植、雷亚平：《分裂、无力与孤独：新媒体文化对个体心理的负面影响》，《山东社会科学》2017年第10期。

② Jackson S. A., Marsh H., "Development and Validation of a Scale to Measure Optimal Experience：The Flow State Scale", *Journal of Sport & Exercise Psychology*, 1996, 18（1）：17-35.

③ 张敏、霍朝光、霍帆帆：《突发公共安全事件社交舆情传播行为的影响因素分析——基于情感距离的调节作用》，《情报杂志》2016年第5期第35卷。

④ 戴伟辉：《基于社会神经学机制的网络群体行为新探究》，《社会科学报》2019年9月26日。

⑤ 根据中央网信办违法和不良信息举报中心的数据，其中微博出现显著下降，微信出现急剧上升。国家大数据灾备中心24小时数据显示，以2月28日北京新冠肺炎疫情报道9286条，网络占99.24%，其中微信占23.75%，App占13.18%，微博占5.6%，网络媒体占53.94%。疫情谣言舆情大数据（2741592条）显示，"新冠肺炎或疫情"关键词加入，微信占比达到37.94%，超过了其他同类媒体，微博占比显著下降，达到17.47%。

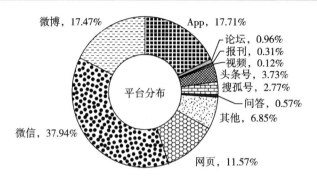

图 6-7　各类媒体占比

2. 情感非主观化理论

在新冠疫情的相关研究中，有一些理论关注网络舆情中人们的情感和情绪。甚至在以往的传播学研究中，焦虑等情感情绪的影响因素是决定性的。例如传统的传播学公式认为，谣言 =（事件的）重要性 ×（事件的）模糊性。（Allport & Postman，1947：17 - 18），焦虑作为事件重要性的替代变量，等同于事件的重要性。即人们对于这件事感到焦虑不安，那么这件事就对他们是重要的。（Anthony S.，1973）但是融媒体环境下，焦虑发生了质的变化。新冠疫情的舆情大数据表明，人们焦虑感并未随着事件的明朗化而降低，甚至焦虑与疫情的确定性成反比，由此可见，焦虑等情绪对于疫情网络传播的作用并不明显。情感因素必须在研究中被扬弃。一方面，情感因素使得涉疫类犯罪与网络舆情关系复杂化，情感原因的加入使研究丧失了客观性。另一方面，情感就是理性的表达。在哲学与神经科学意义上，情感研究完全可以并入理性认知研究。最新研究也表明，情感图谱可以列入脑神经研究[1]，可以把主观情感转化为可观测的客观理性的群体情感计算。例如，研究表明，在网络空间里，可以通过声音来判断情感的变化，[2] 从而把主观转化为可观测的理性行为。因此，排除情感因素的干扰能使研究主旨更加明确。

---

[1]　戴杏云、张柳等：《社交网络的情感图谱研究》，《管理评论》2016 年第 8 期第 36 卷。

[2]　Dai Weihui, Han Dongmei, Dai Yonghui, Xu Dongrong, "Emotion Recognition and Affective Computing on Vocal Social Media", *Information and Management*, 2015, 52（7）：777 - 788.

二、犯罪治理的影响因素

（一）政府能力因素

政府的公开信息只能引发公众关注，而不能减少虚假信息。[①] 因此，政府应当区分阶段，在疫情发生的初始阶段，人们在舆论的影响下惊慌失措，谣言四起，这时政府的第一反应不是运用法律惩治手段乃至刑事治理手段去压制，而是需要安抚情绪。在疫情发生的中后期，政府需要充分利用刑事治理手段来抑制谣言，严厉打击传谣或利用谣言进行制造恐慌、扰乱社会秩序等行为，此时主要打击的对象应是诈骗等经济类犯罪。

（二）社会心理因素

政府能力择时运用的基础上，要兼顾公众在特定情境下的心理影响，以符合公众心理认知能力及其对易于接受模式的方式采取最有效的动态应对措施。防止对社会心理因素把握的时间不准，造成某些本来颇为有利的传播因素没有发挥其应有的积极作用。

从犯罪治理实际效果来看，前期刑事手段较多，谣言等刑事案件的数量在几次短暂压制之后快速反弹。（见图6-8）从中后期来看，谣言刑事治理的手段趋于缓和，然而谣言总体数量仍快速上涨，抑制效果并不明显。

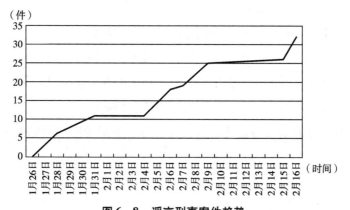

图6-8 谣言刑事案件趋势

① Bento Ana I., Nguyen Thuy, Wing Coady, et al., "Evidence from Internet Search Data Shows Information - seeking Responses to News of Local COVID - 19 Cases", *Proceedings of the National Academy of Sciences of the United States of America*, 2020, 117 (21): 11220 - 11222.

（三）个体教育程度、经济收入和心理因素

从个人心理角度，随着疫情社交距离的加大，使个人存在价值受到质疑，加重了社会不公平感。网络数字素养差异理论解释力的下降，原因基于情感偏见。随着假定影响理论的出现①，吸收了数字素养所潜在的主观情感因素，衡量标准更为客观。② 在新冠疫情期间，基于网络社会的犯罪新变化指向了一个最终的结果，即数据鸿沟的扩大。

同美国疫情时期的犯罪研究相比，疫情期间的社交距离对犯罪的数量和分布产生影响。但这种影响并不像预期的那样大，但仍然引起了一些变化，以洛杉矶和印第安纳波利斯为例，汽车盗窃显著增长③，除了针对亚裔的种族主义犯罪和仇恨犯罪，其仍然是体现在针对个人的经济类犯罪类型上。综上，从个体角度来看，刑事治理的重点方向也在于经济类犯罪。

这说明，网络舆情下控制谣言非常重要，这不但是弥补数据鸿沟的必要条件，而且是对接现实的、物理的社会空间同虚拟的、数据化的网络空间之间的桥梁。即对涉疫类经济犯罪，这一研究能够更好地理解和应对现实涉疫类犯罪的新形势所带来的挑战。甚至在更高的层面，这一研究可以找到社交距离在网络空间和现实空间的结合点，通过网络舆情的把握，消除犯罪产生的土壤——数据鸿沟，甚至可以通过填平数据鸿沟来弥补社会的不公平。

（四）影响评估及其他的因素

通过上述探索，社会因素和个人因素是两大主要影响因素，作为一项社会工程，需要对影响因素进行评估，分析其利弊得失。仅列出影响因素可能还不能充分阐释涉疫类刑事案件的发生机制，需要对相关因素进行研讨。另外，其他因素也可能对新冠疫情所带来的涉疫类刑事案件产生影响。

一是对政府控制能力的评估，从目前来看，中国政府的控制能力有目共睹，

① Gunther Albert C. , Storey J. Douglas, "The Influence of Presumed Influence", *Journal of Communication*, 2003, 53（2）：199－215.

② 网络数字素养属于个体之间的感知差异，具有主观性和间接性，而假定影响是直接建立在感知媒体对其他人的影响与自我行为之间存在特定因果关系之上的。

③ Mohlera George, Bertozzib Andrea L. , Carter Jeremy, et al. , "Impact of Social Distancing During COVID－19Pandemic on Crime in Los Angeles and Indianapolis", *Journal of Criminal Justice*, 2020（68）：1－7.

而对英国政府自我保护主义（Clift et al.，2020）①、美国政府的合伙式消极主义，每个国家所具有的不同的政治经济因素不仅影响政府控制或治理方式（regulatory regimes），而且还影响执法方式的设置（set up）（Guidi & Levi‐faur，2020）。因此，就中国而言，以谣言的控制为例，还存在着一系列模糊地带需要澄清，除了上述的刑事治理的介入和时机之外，还需要对治理方式进行全面反思，其一是检察机关提前介入侦查的比例过高，全面采取认罪认罚制度，极短时间完成刑事诉讼是否符合法治的精神；其二是前期仓促应对，大规模采用行政处罚的手段是否有必要，在后期疫情较为平稳的阶段，减弱刑事治理力度的执法方式是否过于保守。有学者认为，运动式刑事执法有助于解决经济放缓，然而标准严苛，过于追求诉讼效率的刑事执法可能会扭曲刑事司法制度，抑制民营企业的发展。（Wang Peng，2020）②

二是对社会不平等的评估，社会不平等是现实存在的，而疫情加剧了这种不平等的出现，如上所述，在社交距离的促进下，融媒体的环境放大了不平等的感觉，尤其是个人不平等，在网络舆情的影响下，放大了这种不平等效应——少数群体和边缘群体首当其冲（Devakumar & Bhopal，2020）③，甚至可以认为，不平等的格局是新冠肺炎大流行的先兆（Fairchild Amy et al.，2020）④。数据鸿沟造成了谣言四起、社会恐慌、虚假信息泛滥，与其说对于网络社会的被遗忘群体、网络素养不佳等社会群体造成了数据使用、信息传播的不平等，不如说犯罪嫌疑人利用这种不平等增加了诈骗等经济犯罪的概率。此外，针对突发公共卫生事件引发的一味追求诉讼效率，简省当事人诉讼权利的刑事司法是否引发对司法公正的诟病，"权利直击社交距离的中心议题"（Fairchild et al.，2020）对被追诉群体是否会造成新的不平等值得商榷。而这些不平等在三个空间理论的作用下，由

①　Ashley Kieran Clift，"Anatomising Failure：There Should be a Statutory Public Inquiry into the UK Government's Handling of COVID‐19"，*Journal of the Royal Society of Medicine*，2020，113（6）：230‐231.

②　Wang Peng，"Politics of Crime Control：How Campaign‐Style Law Enforcement Sustains Authoritarian Rule in China"，*British Journal of Criminology*，2020，60（2）：422‐443.

③　Delan Devakumar，Sunil S Bhopal，Geordan Shannon，"COVID‐19：The Great Unequaliser"，*Journal of the Royal Society of Medicine*，2020，113（6）：234‐235.

④　Amy Fairchild，Lawrence Gostin，Ronald Bayer，"Vexing，Veiled，and Inequitable：Social Distancing and the 'Rights' Divide in the Age of COVID‐19"，*The American Journal of Bioethics*，2020，20（7）：55‐61.

数据鸿沟源头不平等的网络空间到社交距离酝酿不平等的社会心理空间，再到极个别地区刑事司法激化不平等的现实空间，彼此作用，相互交织，在网络舆情的发酵下不断地迭代、叠加、放大、反馈，如果新冠肺炎疫情造成的不平等最后由刑事司法激发和负担，最后将会对刑事法治造成不可逆转的损害。因此，刑事法治既是对数据鸿沟的弥合，更是对社会不公的弥补，其优劣是一个国家法治思维能否坚守和现代化治理是否成功的关键。

具体到涉疫类刑事案件，需要平衡震慑、有效打击、快速恢复社会生产生活同公正、权威司法、维持社会公正底线之间的关系。除了上述所述注意区分打击阶段外，还需要采取其他适宜的措施，遵循程序公正等法治要求，这则需要政府包括公安机关通过社交媒体对公众进行公开的沟通，公众也要通过社交媒体充分的参与，面对新冠疫情造成的长久和深刻的影响，这些措施是解决刑事司法棘手问题的"良方"，即必须携手科技与医学，进行"平等的协作"（as equal partners），① 才能相辅相成，充分消除疫情造成的不利局面。

针对涉疫类经济犯罪的特点，如前所述，皆以错误、不良、谣言的信息为基础，向犯罪对象发起网络联结，放大传播效应，提供虚假事实，获取现实经济回报。把视角转回到现实社会，如果要全面控制相关犯罪势态的高发，就要充分利用网络社会所形成的特殊环境，定位真实身份，提供交易认证手段；同时在网络公布信用分数，设置交易门槛等，疫情类公共物品的大宗交易更需要在第三方平台监督下进行。对于一些经常改换马甲，网上虚构多重身份，煽动情绪，造谣传谣的违法犯罪嫌疑人，交易时需要证明资金来源与去向，对于那些在疫情期间变动频繁，有非法交易疑点的重点账户资金，更要充分利用情报系统进行分析甄别，及时预警，控制灰色交易、不明交易、频繁交易的交易节点或节奏，减缓资金流动速度，遇到可疑情况，采取紧急封存账户、暂时冻结措施等，使资金流动受限，交易成本上升。同时，上述措施要在法治的框架内进行，防止侵犯隐私，随意干涉经济，并为此设定清晰可行的刑事审查标准，实现刑事诉讼程序公正，进而为推动司法改革成效贡献有益的实然经验。

---

① John Ashton, "COVID – 19: Driving While Looking in the Rear – view Mirror", *Journal of the Royal Society of Medicine*, 2020, 113 (4): 161.

第三节　疫情时期的刑事侦查调整和改革

一、概述

新冠肺炎疫情以来，一直平稳运行的司法改革遇到了诸多崭新的情况，这些情况在一定程度上深刻地改变了司法改革的进程，甚至对法治中国建设带来了许多意想不到的影响。

刑事司法改革的内容面临调整。众所周知，司法改革在刑事司法领域主要面临的是刑事案件，而刑事诉讼牵连面广，覆盖机构多，各级公安机关、检察机关、审判机关等公安司法机关全部囊括在内，可谓"牵一发而动全身"。作为刑事司法改革的前提先导，认识刑事案件在疫情期间发生的重大变化，是非常必要的，其重要性直指司法改革的实际效果。如果认识不到这一点，司法改革有可能陷入理论和实践严重脱节的状态，因此，这次新冠肺炎疫情既是挑战，也是司法改革的走向全面良性运转的机遇所在。

基于此，首先，关注涉疫类刑事案件所指涉的犯罪活动的变化是重中之重。网络犯罪出现由手段方式到内容结构的深刻改变。网络犯罪本身指借助于网络信息形式实施的各种犯罪活动，典型的如利用网络非法侵入或破坏计算机信息系统犯罪、电信诈骗类罪等。然而，在疫情期间，这种犯罪形式由手段方式全面延伸至各种犯罪之中，由于社会隔离措施的大范围实施，几乎所有的犯罪活动全部利用网络进行，网络犯罪的含义已经无法涵盖疫情期间发生的各种变化，在疫情发生前期，甚至盗窃等犯罪都列为涉疫类刑事案件，原因大概源于这类认识的含混不清。因此，有学者提出将信息犯罪从网络犯罪中独立出来，界定为独立的信息犯罪①，使犯罪类型实体化。典型的就是涉疫类刑事案件中的谣言类犯罪，例如虚假信息犯罪等。这样就使司法改革在刑事案件划分上出现了较为清晰的认识，

---

① 参见莫洪宪：《重大疫情防控中信息犯罪的刑事规制边界》，《人民检察》2020 年第 7 期。

有利于分门别类进行法治治理。这样，可以将传播恐怖信息犯罪、侵犯公民个人信息犯罪合并治理，因为这类案件往往缺乏明确的受害者，往往以收集、转发、传播数量和点击数定罪。这样，也有利于将电信诈骗类犯罪从网络犯罪中分化出来，涉及侵犯公民信息的，虽然诈骗未遂，似乎表面诈骗证据不足，也以诈骗罪从重处罚；以免尚未造成财物损失的后果，出现侵犯公民信息犯罪较轻的处罚局面。

其次，从上述的变化考虑，新冠肺炎疫情造成的影响不仅是司法改革的应急性机制的变化，也对司法改革的各项内容带来长期的影响。最重要的就是各类犯罪的标准和界限发生了微调。例如，对于"谣言"的范围进行司法考量的妥当性应当与疫情防控的社会需要相契合，而涉疫期间的谣言犯罪标准是否需要调整，以及与此类似的犯罪类型，特殊的社会时期，司法改革面临着法治的消极"守护者"同司法的积极"进取者"的艰难抉择。有学者提出了法院的司法改革的方向，"审""判"裁量既非形式主义思维，也非现实主义思维，而是"适应主义"思维。① 在以审判为中心的刑事诉讼改革的大背景下，作为审判中心的主体，司法改革的重心——各级人民法院必将处于焦点之中。

最后，回应犯罪标准和界限的调整，以及由此带来的司法裁量思维的改变，如何做到疫情期间快速打击，从重从严与审时度势、精准裁量相结合，准确把握罪与非罪、违法与犯罪、此罪与彼罪的界限，既不随意拔高，也不随意降格，确保法律适用的准确性。如何实现有限理性、社会理性和生态理性的有机结合，完美诠释司法裁判的现实理性的"适应性思维"②，这种理想的司法改革维度，仅仅依靠审判机关，甚至全部的司法职能机关都难以把握。因此，从整体上纵览全局，在新时代回应不断增长的人民新需求，必须有一个有力的领导者和指挥者，这就决定了中国的司法改革不能脱离党的领导。换言之，党的领导在司法改革中所起的作用越发重要和显著。在新冠肺炎疫情期间，这一表现尤为突出，例如，与 2003 年"非典"相比，司法机关发布了一系列的政策性文件，司法解释的数量与力度前所罕见，而这些文件的发布与党中央的应对疫情的决心和力度联系密切。

---

① ② 陈增宝：《疫情防控中刑事裁判的适应性思维》，2020 年 3 月 21 日第（005）版。

放在司法改革科学有序推进历史进程来看，新冠肺炎疫情这种应急性机制所体现的司法改革仍然有不少的经验需要汲取和总结，有学者就提出，这种体现"法治防控观"的司法解释的大量出台，"虽然有利于形成规范合力，避免规范供给不足的困局，但由此形成的以防疫秩序为核心的新规范体系，必然面临科学性、合理性检验"。[①] 因此，准确翔实的数据分析可以为司法改革提供较为可靠的科学合理的检验依据。同时，在应对涉疫类刑事案件的专业性问题时，需要对科学证据的法定证明标准采纳上，尊重疫情规律并发挥法庭审判专业力量、侦查证据的科学取证等积极作用。实现尊重自然规律同遵循社会规律的统一。

然而，从疫情期间刑事犯罪形势的分析，和相应的刑事司法处置来看，相关因素的介入和干扰，确实会在某些程度上，影响司法改革的进程。一个逐渐显露的趋势是，随着网络普及和信息技术的发展，和人工智能时代的全面来临，人类现实空间和虚拟空间彼此融合，相互间不断向新的空间和形式拓展，伴随着这一进程，犯罪种类和手段更是日新月异，使犯罪形势的日益复杂化。司法改革面对如此充斥着各种变化的环境，必须突破迷雾，奋勇前行，同时，司法改革的进程也急需社会治理的法治化的科学推进，积极创建符合基本国情的各项司法制度创新。然而，需要注意的是，仅靠法学研究的推进，难以适应如此变幻的犯罪治理局面，更难以有效地进行相关理论的阐明，这需要借力各个学科的交叉发展，综合各学科的研究成果进行理论创建和制度梳理。疫情不久就会过去，然而其带给了司法改革重要启示："法治"并非一成不变，需要不断地深化内涵；"法治"也不能任性而为，要坚守基本精神，特别需要坚持底线。对于疫情等重大突发公共事件引发的犯罪来讲，刑事治理需要遵循"法"治，传播学、政治学、心理学、社会学最新研究成果所带来的"合"治更是必不可少，司法"改革措施只有同司法系统、法治系统、社会治理系统和谐共生，才能发挥最理想的效果"。[②] 涉疫类案件犯罪数据的分析整合为刑事治理提供了坚实的依据，随着后疫情时代的到来，值得研究者不断地探索新形势、新时代、新动态带给司法改革的更新

---

① 参见蒋太珂：《为疫情防控提供有力法治保障之法理诠释——以刑事司法解释性文件为对象》，《西南政法大学学报》2020 年第 3 期第 21 卷。

② 王新清、胡晴晴：《新时代司法体制综合配套改革的思维方法》，《中共中央党校学报》2020 年第 5 期第 24 卷。

思考。

上述林林总总，其中有一个"草蛇灰线"潜藏其中，侦查机关在疫情期间所起的作用不可忽视，这是否对"以审判为中心"的司法改革造成了冲击，造成什么样的冲击，这需要重新认识刑事侦查机关，尤其是公安机关在司法改革中的作用和功能。

二、调整和改革的思路

刑事侦查在应对突发公共事件的作用凸显。疫情时期的犯罪形势对侦查机关提出了新的挑战和要求，例如谣言类犯罪，在遏制新冠肺炎疫情的初期，侦查机关一般在政府部门的统一领导下，择机采取相应措施，既不能一味严打，也不能一味放纵，在新闻媒体、社会工作、卫生防疫的配合下，稳妥采取刑事侦查措施，而司法机关囿于法律的严格规定，即使主动应对，也有一定的时限延迟，不能最大限度地控制犯罪，迅速消弭违法犯罪的苗头，而这在突发公共事件的初期是异常重要的，可以说是分秒必争。因此，有学者认为，刑事法治必须有所作为。"当出现新型犯罪，人们束手无策，危害也成倍蔓延的情况下，就需要刑法进行规范。对于侵害网络公共秩序的行为，如果不及时进行治理，将会对网络空间造成更大的破坏。"① 刑法的谦抑性并不代表法律治理中的滞后性，而刑事侦查机关特别是公安机关，作为司法改革中的重要组成部门，此时应当有所作为，加强侦查工作的主动性和先导性。而疫情期间检察机关第一时间的提前介入，作为刑事侦查程序规范的守护者，这一非常时期的全国检察机关不约而同的做法，在这一意义上也具有现实的合理性。可以展望，司法改革的深水期，为了加强社会治理力度，提升应对紧急事件的应急效率，这一经验有推广的可能性。

疫情时期是特殊时期，作为行政权力的主体力量，在疫情防控期间根据防控需要，警察权力有必要增大，因此需要重视刑事侦查的权力行使。根据上述刑事侦查的重新梳理和定位，刑事侦查机关作为刑事司法的重要国家力量，必然要发挥行政性的功能，即更多的主动性和更强的协同性。

长期以来，侦查一直是中国刑事司法最重要的阶段，中国传统上的侦查中心

---

① 储槐植、李梦：《网络谣言的刑法规制探究》，《山东警察学院学报》2019 年第 1 期。

主义不可能马上转变为审判中心主义，基于现有国情还是应当重视侦查，侦查机关在配合审判中心主义改革时不应消极等待检察院的法律监督和法院的司法审查，而是应该积极主动地提升侦查工作质量，减少刑讯逼供，避免冤假错案发生。在国外的司法改革中，警察作为刑事侦查的重要组成部分，似乎也在逐渐摆脱司法控制的传统西方模式，直接与审判机关协同运作，从而实现侦查的透明化。① 而在国内刑事司法过程中，审判机关在审查认定疑难证据情况时，也在积极需求侦查机关的协助，例如，余金平案就是如此。② 而在审判机关的实际裁量过程，"基于经验的概括化判决说理也反映了主审法官自我保护意识下规避风险，求得平稳，迎合司法责任制要求的行动逻辑"。③ 这种利益衡量的慎重做法，在重大疑难刑事案件中，法院在裁决作出前，听取侦查部门建议的可能性是存在的，在裁量取舍之间，力求最大可能地取得法律、社会等诸多利益的平衡。

刑事侦查依然要遵循法治的底线。疫情期间的侦查工作也同样要注意依法侦查，不能忽视人权保护价值。在后疫情时代，尤其值得关注的是，注重政策对司法工作的能动影响的同时，也要防止司法过度回应，即对政策的错误理解、过度创新和回应过于积极。④ 从涉疫类刑事案件的分析来看，侦查机关70%以上的刑事案件以各种形式被消化，达到逮捕标准的仅在30%左右，达到起诉标准的也仅在10%左右，以审判为中心的刑事诉讼制度安排仍然起着不可低估的底线法治作用，审判机关在犯罪的实际认定上始终以法律为准绳，做到依法审判助力防控，并未大规模追随疫情防控的"潮流"。在一些涉疫期间的经济案件中，刑事侦查机关的提请逮捕的罪名在审判阶段仍然得到纠正⑤，辩护律师的意见仍然对犯罪嫌疑人权利保障起到不可替代的作用。疫情期间，刑事侦查作为司法改革的重要组成部门，仍然应遵循改革的基本思路和顶层设计，尊重司法的基本规律，在疫情完全结束后，侦查工作届时应恢复到正常时期的正轨。

---

① Milligan Luke，"Police Transparency and the Exclusionary Rule"，*University of Louisville Law Review*，2018，58（3）：483.

② 参见余金平交通肇事案，北京市第一中级人民法院（2019）京01刑终628号刑事判决书。

③ 王勇：《主审法官在审判组织中的角色及其行动逻辑——基于本轮司法改革的考察研究》，《云南社会科学》2020年第5期。

④ 徐昕、黄艳好：《政策要为司法改革提供理性指导》，2020年11月5日第（003）版。

⑤ 吴某假冒注册商标案，福建省莆田市荔城区人民法院（2020）闽0304刑初13号。

几十年以来，我国的司法改革一直平稳进行。社会主义民主法治日渐完善。有中国特色的法律制度体系基本形成。面对疫情时期新的犯罪形势，社会治理的要求也与疫情前的常规时期不同。这些新的情况和问题有可能对司法改革的方向和内容造成影响。中国司法改革的进步来之不易，不应该因为新冠肺炎疫情停下脚步，也不应该因为新冠肺炎疫情改变方向。疫情终会过去，但司法改革却不会终止。

本章补充注释

［1］王勇：《主审法官在审判组织中的角色及其行动逻辑——基于本轮司法改革的考察研究》，《云南社会科学》2020 年第 5 期。

［2］巩皓旻：《法治的追求》，中国人民公安大学硕士学位论文，2020 年。

［3］崔晖、张海涛：《新时期公安改革背景下的警察信任研究》，《政法学刊》2020 年第 2 期。

［4］殷炳华：《法治公安视阈中的刑民交叉案件研究》，《山东警察学院学报》2020 年第 2 期。

［5］刘道前：《基于学科维度的鉴定意见采信问题研究》，《中国司法鉴定》2020 年第 2 期。

［6］苏方元：《刑事司法错误研究》，中南财经政法大学博士学位论文，2018 年。

［7］张旭：《监察机关留置权的自由裁量问题探究》，《广西政法管理干部学院学报》2020 年第 3 期。

［8］赵霞：《刑事申诉制度改革刍议》，《刑事法前沿》2017 年第 1 期。

［9］邓静：《现代监狱视野中的服刑人员投诉处理机制构建研究》，苏州大学硕士学位论文，2018 年。

［10］王昌杰：《发挥检察职能依法保护涉案企业家合法权益》，《六盘水市检察机关理论研究年会论文集》2018 年第 2 期。

参考文献

一、中文著作

[1] 北京大学哲学系外国哲学史教研室编译：《古希腊罗马哲学》，商务印书馆 1961 年版。

[2] 卞建林：《刑事诉讼法学》，法律出版社 1997 年版。

[3] 卞建林：《刑事诉讼的现代化》，中国法制出版社 2003 年版。

[4] 卞建林、刘玫：《外国刑事诉讼法》，人民法院出版社、中国社会科学出版社 2002 年版。

[5] 蔡墩铭：《现代刑法思潮与刑事立法》，汉林出版社 1977 年版。

[6] 蔡墩铭：《刑事诉讼法论》，台湾五南图书出版股份有限公司 1996 年版。

[7] 蔡墩铭：《刑事诉讼法概要》，三民书局股份有限公司 1999 年版。

[8] 蔡墩铭：《两岸比较刑事诉讼法》，台湾五南图书出版股份有限公司 1996 年版。

[9] 蔡枢衡：《刑事诉讼法教程》，1947 年版。

[10] 曹炳增：《无罪辩护：十起辩护成功案例及诉讼程序的理性思考》，中国人民公安大学出版社 2004 年版。

[11] 曹竞辉：《刑事诉讼法实务问题研究》，台湾五南图书出版有限公司 1982 年版。

[12] 陈瑾昆：《刑事诉讼法通义》，北平朝阳书院民国十九年版。

［13］陈光中：《外国刑事诉讼程序比较研究》，法律出版社 1988 年版。

［14］陈光中：《刑事诉讼法学》，中国政法大学出版社 1990 年版。

［15］陈光中：《陈光中法学文集》，中国法制出版社 2000 年版。

［16］陈光中、丹尼尔·普瑞方廷：《联合国刑事司法准则与中国刑事法制》，法律出版社 1998 年版。

［17］陈光中：《刑事再审程序与人权保障》，北京大学出版社 2005 年版。

［18］陈光中、徐静村：《刑事诉讼法学》，中国政法大学出版社 1999 年版。

［19］陈光中：《刑事诉讼法学》，北京大学出版社、高等教育出版社 2002 年版。

［20］陈光中：《刑事诉讼法实施问题研究》，中国法制出版社 2000 年版。

［21］陈光中、［德］汉斯－约格·阿尔布莱希特：《中德强制措施制度研讨会论文集》，中国人民公安大学出版社 2003 年版。

［22］陈国庆等：《修改后刑事诉讼法实施疑难问题解答》，中国检察出版社 1997 年版。

［23］陈宏毅：《刑事诉讼法理论与实务》，三民书局 2001 年版。

［24］陈朴生：《刑事诉讼法论》，正中书局 1952 年版。

［25］陈朴生：《刑事证据法》，三民书局 1979 年版。

［26］陈朴生：《刑事诉讼法实务》，海宇文化事业有限公司 1999 年版。

［27］陈朴生：《刑事诉讼法实务》（修订版），台湾海天印刷厂有限公司 1981 年版。

［28］陈朴生：《刑事诉讼争议问题研究》，五南图书出版股份有限公司 1987 年版。

［29］陈朴生：《刑事证据法》，台湾海天印刷厂有限公司 1979 年版。

［30］陈朴生：《刑事证据法》，台湾三民书局 1979 年版。

［31］陈瑞华：《刑事审判原理论》，北京大学出版社 1997 年版。

［32］陈瑞华：《刑事诉讼的前沿问题》，中国人民大学出版社 2000 年版。

［33］陈瑞华：《问题与主义之间——刑事诉讼基本问题研究》，中国人民大学出版社 2003 年版。

［34］陈瑞华：《程序性制裁理论》，中国法制出版社 2005 年版。

［35］陈卫东：《刑事诉讼法实施问题调研报告》，中国方正出版社 2001 年版。

［36］陈卫东：《模范刑事诉讼法典》，中国人民大学出版社 2005 年版。

［37］陈永生：《侦查程序原理论》，中国人民公安大学出版社 2003 年版。

［38］陈兴良：《刑法哲学》，中国政法大学出版社 1997 年版。

［39］陈宗荣：《民事诉讼与民事诉讼标的理论》，台湾大学法律系"法学丛书编辑委员会"1997 年版。

［40］程荣斌：《刑事诉讼法》，中国人民大学出版社 1999 年版。

［41］程味秋、杨诚、杨宇冠：《联合国人权公约和刑事司法文献汇编》，中国法制出版社 2000 年版。

［42］程味秋、樊崇义：《外国刑事诉讼法概论》，中国政法大学出版社 1994 年版。

［43］储槐植：《美国刑法》（第 2 版），北京大学出版社 1996 年版。

［44］褚剑鸿：《刑事诉讼法论》（增订本），台湾商务印书馆股份有限公司 1983 年版。

［45］戴修瓒：《新刑事诉讼法释义》，上海法学编译社民国十九年版。

［46］刁荣华：《刑事诉讼法释论》，汉苑出版社 1977 年版。

［47］斐广川：《刑事案例诉辩审评——绑架罪、非法拘禁罪》，中国检察出版社 2005 年版。

［48］冯亚东：《平等、自由与中西文明》，法律出版社 2002 年版。

［49］樊崇义：《刑事诉讼法学》，中国政法大学出版社 1999 年版。

［50］樊崇义：《刑事诉讼法研究综述与评价》，中国政法大学出版社 1991 年版。

［51］樊崇义：《刑事诉讼法实施问题与对策研究》，中国人民公安大学出版社 2001 年版。

［52］樊崇义：《诉讼原理》，法律出版社 2003 年版。

［53］龚祥瑞：《西方国家司法制度》，北京大学出版社 1993 年版。

［54］顾昂然：《新中国的诉讼、仲裁和国家赔偿制度》，法律出版社 1996 年版。

［55］顾永忠：《刑事上诉程序研究》，中国人民公安大学出版社 2003 年版。

［56］何秉松：《刑法教科书》（2000 年修订）（上卷），中国法制出版社 2000 年版。

［57］洪永宏、严昌：《世界经典文献》，北京燕山出版社 1997 年版。

［58］胡开诚：《刑事诉讼法论》，三民书局 1983 年版。

［59］胡伟：《司法政治》，香港三联书店有限公司 1994 年版。

［60］黄相森、沈宗灵：《西方人权学说》，四川人民出版社 1994 年版。

［61］黄东熊：《刑事诉讼法论》，台湾三民书局股份有限公司 1999 年版。

［62］季卫东：《法治秩序的建构》，中国政法大学出版社 1999 年版。

［63］姜伟、钱舫、徐鹤喃：《公诉制度教程》，法律出版社 2002 年版。

［64］江伟：《中国民事诉讼法专论》，中国政法大学出版社 1998 年版。

［65］康焕栋：《刑事诉讼法论》，上海法学编译社民国二十六年版。

［66］柯报程：《变动中的刑法思想》，中国政法大学出版社 2003 年版。

［67］李贵方：《刑事辩护指南》，吉林人民出版社 2003 年版。

［68］李心鉴：《刑事诉讼构造论》，中国政法大学出版社 1992 年版。

［69］李学军：《美国刑事诉讼规则》，中国检察出版社 2003 年版。

［70］梁玉渡：《论刑事诉讼方式的正当性》，中国法制出版社 2002 年版。

［71］林山田：《刑事诉讼法》，汉荣书局有限公司 1981 年版。

［72］林钮雄：《刑事诉讼法》，中国人民大学出版社 2005 年版。

［73］廖俊常：《刑事诉讼法学》，四川人民出版社 1990 年版。

［74］刘秉均等：《罪与刑——林山田教授六十岁生日祝贺论文集》，台湾五南图书出版股份有限公司 1998 年版。

［75］刘军宁、王炎、贺卫方：《市场逻辑与国家观念》，生活·读书·新知三联书店 1995 年版。

［76］刘荣军：《程序保障的理论视角》，法律出版社 1999 年版。

［77］刘星：《法律是什么？——二十世纪英美法理学批判阅读》，广东旅游出版社 1997 年版。

［78］龙宗智：《刑事庭审制度研究》，中国政法大学出版社 2001 年版。

［79］龙宗智：《理论反对实践》，法律出版社 2003 年版。

［80］龙宗智：《徘徊于传统与现代之间——中国刑事诉讼法再修改研究》，法律出版社 2005 年版。

［81］龙宗智：《相对合理主义》，中国政法大学出版社 1999 年版。

［82］龙宗智：《刑事庭审制度研究》，中国政法大学出版社 2001 年版。

［83］麦高伟、杰弗里·威尔逊：《英国刑事司法程序》，姚永吉、陈级等译，法律出版社 2003 年版。

［84］苗生明：《检察机关公诉人办案规范手册》，中国检察出版社 2004 年版。

［85］欧阳康：《社会认识论导论》，中国社会科学出版社 1990 年版。

［86］欧阳寿、周叶谦、肖闲富、陈中天：《英美刑法刑事诉讼法概论》，中国社会科学出版社 1984 年版。

［87］彭勃：《日本刑事诉讼法通论》，中国政法大学出版社 2002 年版。

［88］邱兴隆：《关于惩罚的治学——刑罚根据论》，法律出版社 2000 年版。

［89］裘索：《日本国检察制度》，商务印书馆 2003 年版。

［90］曲新久：《刑法的精神与范畴》，中国政法大学出版社 2000 年版。

［91］宋英辉：《刑事诉讼原理导读》，法律出版社 2003 年版。

［92］宋英辉、李忠诚：《刑事程序法功能研究》，中国人民公安大学出版社 2004 年版。

［93］宋英辉：《刑事诉讼原理》，法律出版社 2003 年版。

［94］苏力：《道路通向城市：转型中国的法治》，法律出版社 2004 年版。

［95］沈宗灵、张文显：《法理学》，高等教育出版社 1993 年版。

［96］孙长永：《刑事诉讼证据与程序》，中国检察出版社 2003 年版。

［97］孙长永：《日本刑事诉讼法导论》，重庆大学出版社 1993 年版。

［98］孙长永：《英国 2003 年〈刑事审判法〉及其释义》，法律出版社 2005 年版。

［99］孙国华、朱景文：《法理学》，中国人民大学出版社 2000 年版。

［100］孙花璞：《刑事审判学》，中国检察出版社 1992 年版。

［101］孙文志：《控辩式刑事审判运作程序》，人民法院出版社 1999 年版。

［102］锁正杰：《刑事程序的法哲学原理》，中国人民公安大学出版社 2002

年版。

　　［103］台湾"最高法院学术委员会"：《刑事诉讼可否采行诉因制度研讨会》，台湾"最高法院学术研究会"编印 1994 年版。

　　［104］辞海编辑委员会：《辞海》，上海辞书出版社 1979 年版。

　　［105］万毅：《变革社会的程序正义——语境中的中国刑事司法改革》，中国方正出版社 2004 年版。

　　［106］汪建成、黄伟明：《欧盟成员国刑事诉讼概论》，中国人民大学出版社 2000 年版。

　　［107］汪海燕：《刑事诉讼模式的演进》，中国人民公安大学出版社 2004 年版。

　　［108］王国枢：《刑事诉讼法学》，北京大学出版社 1989 年版。

　　［109］王敏远：《刑事司法理论与实践检讨》，中国政法大学出版社 1999 年版。

　　［110］王敏远：《公法》（第四卷），法律出版社 2003 年版。

　　［111］王敏远：《刑事诉讼法》，社会科学出版社 2005 年版。

　　［112］王少南：《审判学》，人民法院出版社 2003 年版。

　　［113］王亚新：《对抗与判定：日本民事诉讼的基本结构》，清华大学出版社 2002 年版。

　　［114］王义军：《从主体性原则到实践哲学》，中国社会科学出版社 2002 年版。

　　［115］王以真：《外国刑事诉讼法学参考资料》，北京大学出版社 1995 年版。

　　［116］王以真：《外国刑事诉讼法学》，北京大学出版社 2004 年版。

　　［117］王兆鹏：《美国刑事诉讼法》，北京大学出版社 2005 年版。

　　［118］王勇飞、张贵成：《中国法理学研究综述与评价》，中国政法大学出版社 1992 年版。

　　［119］文正邦：《当代法哲学研究与探索》，法律出版社 1999 年版。

　　［120］吴建勋：《刑事诉讼法应否改采当事人主义之研究》，台湾宏辉电脑资讯企业有限公司 1997 年版。

［121］武延平、刘根菊：《刑事诉讼法学参考资料汇编》，北京大学出版社2005年版。

［122］夏勤：《刑事诉讼法要论》，重庆商务印书馆1944年版。

［123］夏勤：《刑事诉讼法要论》，商务印书馆1923年版。

［124］夏甄陶：《认识论引论》，人民出版社1986年版。

［125］肖泽晨：《宪法学——关于人权保障与权力控制的学说》，科学出版社2003年版。

［126］肖中华：《犯罪构成及其关系论》，中国人民大学出版社2000年版。

［127］谢佑平：《刑事诉讼模式与精神》，成都科技大学出版社1994年版。

［128］谢佑平、万毅：《刑事诉讼法原则：程序正义的基石》，法律出版社2002年版。

［129］谢佑平：《刑事司法程序的一般理论》，复旦大学出版社2003年版。

［130］谢佑平：《刑事诉讼国际准则研究》，法律出版社2002年7月第1版。

［131］熊秋红：《刑事辩护论》，法律出版社1998年版。

［132］熊秋红：《转变中的刑事诉讼法学》，北京大学出版社2004年版。

［133］熊元翰：《刑事诉讼法》，北京安徽法学社1911年版。

［134］徐京辉、程立福：《澳门刑事诉讼法》，澳门基金会1999年版。

［135］徐静村：《刑事诉讼法学》，法律出版社1997年版。

［136］徐静村：21世纪中国刑事程序改革研究——《中华人民共和国刑事诉讼法》第二修正案（学者建议稿），法律出版社2003年版。

［137］徐友军：《比较刑事程序结构》，现代出版社1992年版。

［138］许玉秀：《刑事法之基础与界限》，台湾学林文化事业有限公司2003年版。

［139］杨祖陶、邓晓芒：《康德三大批判精粹》，人民出版社2001年版。

［140］张建伟：《司法竞技主义：英美诉讼传统与中国庭审方式》，北京大学出版社2005年版。

［141］张军、姜伟、田文昌：《刑事诉讼：控辩审三人谈》，法律出版社2001年版。

［142］张丽卿：《刑事诉讼法：理论与应用》，台湾五南图书出版股份有限

公司 2001 年版。

［143］张丽卿：《刑事诉讼制度与刑事证据》，元照出版有限公司 2000 年版。

［144］张明楷：《刑法的基本立场》，中国法制出版社 2002 年版。

［145］张明楷：《外国刑法纲要》，清华大学出版社 1999 年版。

［146］张卫平：《守望想像的空间》，法律出版社 2003 年 1 版。

［147］张文显：《法理学》，法律出版社 1997 年版。

［148］张文显：《法学基本范畴研究》，中国政法大学出版社 1993 年版。

［149］张毅：《刑事诉讼中的禁止双重危险规则论》，中国人民公安大学出版社 2004 年版。

［150］张子培：《刑事诉讼法》，人民法院出版社 1990 年版。

［151］赵秉志：《香港刑事诉讼程序法》，北京大学出版社 1996 年版。

［152］赵敦华：《西方哲学简史》，北京大学出版社 2001 年版。

［153］周道鸾、张洒汉：《刑事诉讼法的修改与适用》，人民法院出版社 1996 年版。

［154］周光权：《刑法诸问题的新表述》，中国法制出版社 1999 年版。

［155］周光权：《刑法学的向度》，中国政法大学出版社 2004 年版。

［156］周棍：《罗马法原论》，商务印书馆 1994 年版。

［157］周士敏：《澳门刑事诉讼制度论》，国家行政学院出版社 2001 年版。

［158］最高法院学术研究会：《刑事诉讼制度可否采行诉因制度研究讨论会》，普林特印刷有限公司 1994 年版。

［159］最高人民检察院法律政策研究室：《人民检察院法律文书格式（样本）》，中国法制出版社 2002 年版。

［160］最高人民检察院法律政策研究室：《所有人的正义——英国司法改革报告》，中国检察出版社 2003 年版。

［161］左卫民：《刑事程序问题研究》，中国政法大学出版社 1999 年版。

［162］左卫民、周长军：《刑事诉讼的理念》，法律出版社 1999 年版。

［163］左卫民、周长军：《变迁与改革：法院制度现代化研究》，法律出版社 2000 年版。

［164］左卫民：《在权利话语与权力技术之间——中国司法的新思考》，法律出版社 2002 年版。

［165］左卫民：《价值与结构：刑事程序的双重分析》，法律出版社 2003年版。

［166］左卫民等：《简易刑事程序研究》，法律出版社 2005 年版。

［167］张建伟：《刑事司法体制原理》，中国人民公安大学出版社 2002年版。

［168］王福华：《民事诉讼基本结构》，中国检察出版社 2002 年版。

［169］中国法律文书样式与制作编纂委员会：《检察法律文书样式与制作》，人民法院出版社 1998 年版。

［170］中央电视台庭审直播摄制组：《綦江虹桥垮塌案审判实录》，法律出版社 1999 年版。

二、中文论文

［1］白俊华：《论刑事诉讼法律关系几个问题》，《政法论坛》1994 年第3 期。

［2］白取祐司、程君：《产生杀机时间的变更和诉因的变更》，《研究生法学》1994 年第 1 期。

［3］边慧亮：《传统刑事诉讼法律关系理论的困境及其新进展》，《法制与社会》2011 年第 25 期。

［4］卞建林、魏晓娜：《起诉效力与审判范围》，《人民检察》2000 年第74 期。

［5］蔡震宇：《一事不再理的客观范围研究——以刑事诉讼为视角》，浙江工商大学硕士学位论文，2008 年。

［6］曹平：《我国刑事再审程序之不足》，《检察日报》2005 年 2 月 4 日。

［7］陈斌、崔凯：《刑事审判对象理论比较研究》，《法制与社会》2007 年第 7 期。

［8］陈春芳：《刑事诉因制度研究》，浙江工商大学硕士学位论文，2008 年。

［9］陈冬：《刑事诉讼一事不再理原则研究》，《国家检察官学院学报》2004

年第 10 期。

[10] 陈昉：《我国公诉变更制度研究》，复旦大学硕士学位论文，2009 年。

[11] 陈芬娟：《一事不再理原则与我国刑事再审程序之完善》，《嘉兴学院学报》2006 年第 12 期。

[12] 陈建辉：《论刑事诉讼中一事不再理原则》，湘潭大学硕士学位论文，2007 年。

[13] 陈黎：《法院变更指控罪名新论》，《安徽电子信息职业技术学院学报》2004 年第 8 期。

[14] 陈濂、林荫茂：《刑事诉讼诉因价值与可行性研究》，《社会科学》2008 年第 11 期。

[15] 陈群：《一事不再理原则与我国刑事再审程序改革》，《黑龙江省政法管理干部学院学报》2004 年第 11 期。

[16] 陈群：《禁止重复追诉原则与我国刑事再审制度改造》，《盐城师范学院学报（人文社会科学版）》2007 年第 2 期。

[17] 陈瑞华：《刑事诉讼中的重复追诉问题》，《政法论坛》2002 年第 5 期。

[18] 陈瑞华：《刑事再审程序研究》，《政法论坛》2000 年第 6 期。

[19] 陈胜模：《对法院变更指控罪名加重刑罚的法律思考》，《四川省政法管理干部学院学报》2004 年第 3 期。

[20] 陈为峰：《刑法变更与刑事裁判既判力》，厦门大学硕士学位论文，2007 年。

[21] 陈学权：《公诉裁量权与审判权具有互动关系》，《检察日报》2004 年 10 月 1 日。

[22] 陈学权：《我国公诉变更制约机制的完善》，《山西省政法管理干部学院学报》2005 年第 3 期。

[23] 陈迎新、吴玲：《从一起程序性争议谈控审分离》，《检察实践》2002 年第 1 期。

[24] 陈永生：《一事不再理与中国区际刑事管辖冲突的解决》，《研究生法学》1998 年第 3 期

［25］陈哲：《论刑法溯及力与既判力的关系》，《河南司法警官职业学院学报》2006 年第 3 期。

［26］程昊：《论诉审同一原则的标准——兼论法院变更指控罪名的模式》，《学术交流》2005 年第 3 期。

［27］崔凯：《英美刑事审判对象问题研究——反思诉因制度在我国的适用》，《甘肃理论学刊》2007 年第 2 期。

［28］董清林：《略论沉默权与刑事诉讼法的多元价值目标》，《广西政法管理干部学院学报》2001 年第 4 期。

［29］董伟华：《试析刑事诉讼法律关系的概念》，《沧桑》2009 年第 2 期。

［30］段厚省、周恬：《英美民事诉讼中诉因制度的历史变迁》，《东方法》2008 年第 5 期。

［31］樊安红、刘宏成：《我国刑事再审与禁止重复追诉原则的冲突与调和》，《经济与社会发展》2006 年第 5 期。

［32］冯宝玲、王丹丹：《论公诉变更制度》，《行政与法（吉林省行政学院学报）》2006 年第 12 期。

［33］冯锟、王何汉：《法院变更指控罪名探究》，《商业文化（学术版）》2009 年第 4 期。

［34］官欣：《论刑事诉讼客体》，中国政法大学硕士学位论文，2004 年。

［35］郭彩霞：《刑事诉讼控审分离原则研究》，中国政法大学硕士学位论文，2006 年。

［36］郭健、王成、冯涛：《刑事诉讼标的之单一性与同一性探究》，《郑州航空工业管理学院学报（社会科学版）》2007 年第 2 期。

［37］韩涛、范昱晖：《不告不理原则的理解与适用》，《江苏法制报》2010 年 6 月 24 日。

［38］何伟：《刑事诉讼控审分离原则研究》，《郑州航空工业管理学院学报（社会科学版）》2009 年第 5 期。

［39］贺国瑞：《从刑事诉讼客体看起诉权对审判权的制约作用》，《法制与社会》2009 年第 24 期。

［40］胡铭：《联合国刑事司法准则视野下的再审程序改革——兼论一事不

再理原则及其例外在我国的确立》，《研究生法学》2005 年第 3 期。

［41］黄淳：《起诉事实同一性判断标准之我见》，《重庆理工大学学报（社会科学版）》2009 年第 7 期。

［42］黄文：《论刑事控审分离原则的理论基础》，《理论与改革》2004 年第 2 期。

［43］冀亚明：《法院变更指控罪名制度研究》，河北大学硕士学位论文，2011 年。

［44］贾兵：《法院变更指控罪名研究》，浙江工商大学硕士学位论文，2011 年。

［45］江晓阳：《评人民法院变更指控罪名权》，《人民检察》1999 年第 9 期。

［46］井翠翠：《刑事诉因变更制度研究》，复旦大学硕士学位论文，2008 年。

［47］孔红波：《论不告不理原则在刑事诉讼中的体现》，《法制与社会》2007 年第 2 期。

［48］孔军、张文杰：《禁止重复追诉相关概念辨析》，《行政与法》2012 年第 3 期。

［49］赖正直：《论刑事审判权的界限——以日本的诉因制度为借镜》，《中国刑事法杂志》2008 年第 3 期。

［50］乐伟：《浅论生效民事判决对启动刑事追诉程序的影响——兼谈一事不再理原则的适用》，《中共郑州市委党校学报》2008 年第 5 期。

［51］黎裕豪：《澳门刑事诉讼中的无罪推定原则和一事不再理原则》，《人民检察》2010 年第 5 期。

［52］李婵媛：《刑事诉讼客体理论初探》，《中国政法大学刑事司法学院》2007 年第 4 期。

［53］李长栓：《"告诉才处理"与"不告不理"翻译研究》，《法律语言学说》2009 年第 2 期。

［54］李刚：《论刑事诉讼客体的功能》，吉林大学硕士学位论文，2008 年。

［55］李慧：《浅议一事不再理原则在国际刑事领域的适用》，《法制与经济

（上旬刊)》2001 年第 2 期。

［56］李惠民、张嘉福、陈宝琨：《立法应确立诉审同一原则》，《检察日报》2007 年 3 月 26 日。

［57］李慧敏：《公诉变更制度研究》，湘潭大学硕士学位论文，2008 年。

［58］李健民：《略论刑事诉讼法律关系》，《西北政法学院学报》1986 年第 2 期。

［59］李景华、陈俊：《不告不理还是主动审查》，《人民法院报》2002 年 2 月 20 日。

［60］李娜：《对刑事诉讼法律关系的主体范围的思考》，《法制与社会》2009 年第 11 期。

［61］李群：《刑事判决的既判力研究》，西南政法大学硕士学位论文，2004 年。

［62］李仁尚、吴观雄：《刑事诉讼中的不告不理原则论》，《广西政法管理干部学院学报》2004 年第 4 期。

［63］李文实：《浅析我国公诉变更的困境与出路》，吉林大学硕士学位论文，2011 年。

［64］李扬：《三论诉权理论在刑事诉讼中的导入——刑事诉因制度研究》，《政法论坛》2009 年第 2 期。

［65］李薇、陈宇权、葛琳：《刑事再审改革中的五个关注点》，《检察日报》2004 年 11 月 12 日。

［66］李玉华：《日本的诉因制度研究》，《河北经贸大学学报》（综合版）2004 年第 1 期。

［67］李哲：《刑事裁判的既判力研究》，中国政法大学博士学位论文，2005 年。

［68］李哲：《刑事既判力相关范畴之比较》，《比较法研究》2008 年第 5 期。

［69］李志美：《试论建立公诉变更制度的必要性》，《宿州学院学报》2008 年第 4 期。

［70］林琳、肖桂丽：《论法院变更指控罪名制度》，《法制与社科》2008 年

第 12 期。

［71］刘博：《论刑事控审分离原则》，河北大学硕士学位论文，2009 年。

［72］刘芬：《构建我国公诉变更制度的几点思考》，《山西警官高等专科学校学报》2007 年第 6 期。

［73］刘根菊、封利强：《论刑事第二审程序的审判范围——以程序功能为视角》，《时代法学》2008 年第 12 期。

［74］刘磊：《诉审分离与罪名变更——以"公诉事实同一性"为中心》，《中国刑事法杂志》2006 年第 2 期。

［75］刘立新：《一事不再理原则的确立与我国刑事再审程序的重构》，中国政法大学硕士学位论文，2009 年。

［76］刘庆岗：《控审分离原则在侦查程序中的制度体现》，《东方企业文化》2010 年第 8 期。

［77］刘少军：《日本诉因制度评介》，《中国刑事法》2004 年第 4 期。

［78］刘索娟：《论一事不再理原则在我国刑事诉讼中的构建》，青岛大学硕士学位论文，2009 年。

［79］刘晓兵：《日本诉因制度与我国公诉方式改革》，《贵州警官职业学院学报》2005 年第 3 期。

［80］刘晓兵：《日本诉因制度论略》，《河北法学》2007 年第 7 期。

［81］刘雅婷：《诉审同一原则下的罪名变更制度构建》，《法制与社会》2010 年第 8 期。

［82］刘兆兴：《两大法系几个国家在既判力和刑事再审问题上的发展趋势》，《中国法律年鉴》2011 年第 11 期。

［83］刘哲：《论诉因制度与我国的公诉改革》，中国青年政治学院硕士学位论文，2008 年。

［84］龙宗智：《论公诉变更》，《现代法学》2004 年第 12 期。

［85］吕强、许岩：《公诉变更制度之完善》，《山西省政法管理干部学院学报》2010 年第 3 期。

［86］陆利平、张华：《法院变更指控罪名之比较探讨》，《河南司法警官职业学院学报》2008 年第 12 期。

［87］陆远：《论检察机关在刑事诉讼中的角色定位与转换——兼谈不同阶段刑事诉讼法律关系》，《现代商贸工业》2011 年第 18 期。

［88］罗真：《论我国法院变更指控罪名模式之选择与重构》，《法制与社科》2007 年第 10 期。

［89］罗真：《论我国法院变更指控罪名模式之选择与重构》，南江师范大学硕士学位论文，2008 年。

［90］马东丽：《刑事既判力在我国刑法中的重构》，《湖南冶金职业技术学院学报》2009 年第 12 期。

［91］马运立：《控审分离原则之法理探析》，《政法论丛》2012 年第 1 期。

［92］毛忠强：《刑事诉讼一事不再理原则研究》，武汉大学硕士学位论文，2005 年。

［93］孟哲：《论刑事诉讼中控审分离原则的贯彻》，中国政法大学硕士学位论文，2010 年。

［94］牛振宇：《论刑事既判力原则的例外》，《河北大学学报（哲学社会科学版）》2004 年第 1 期。

［95］牛振宇：《刑事既判力原理论》，《河南省政法管理干部学院学报》2003 年第 10 期。

［96］潘露：《公诉权与审判范围关系研究》，浙江工商大学硕士学位论文，2008 年。

［97］裴苍龄、易萍：《论刑事诉讼法律关系》，《西北政法学院学报》1996 年第 2 期。

［98］齐文远、金泽刚：《法院变更指控罪名观念误区与合理选择》，《人民法院报》2002 年 8 月 26 日。

［99］秦宗文：《一事不再理原则与我国刑事程序改革研究》，《学术研究》2004 年第 4 期。

［100］邱先聪：《刑事诉讼中的不告不理原则探析》，《西南农业大学学报（社会科学版）》2009 年第 2 期。

［101］屈新：《比较法视野中的诉审同一问题》，《政法论坛》2010 年第 11 期。

[102] 曲忠鹏：《公诉变更制度研究》，西南政法大学硕士学位论文，2011 年。

[103] 桑月鹏、谢琼：《论我国刑事诉因变更制度之完善》，《中国检察官》2007 年第 8 期。

[104] 施洁、陈红：《刑事判决对民事案件的既判力问题辨析》，《人民司法》2005 年第 6 期。

[105] 宋世杰：《论刑事诉讼法律关系的特殊性及主客体》，《湘潭大学学报（社会科学版）》1993 年第 3 期。

[106] 宋世杰、彭海青：《论刑事诉讼中控审分离原则的理论与实践》，《湘潭大学社会科学学报》2002 年第 3 期。

[107] 宋英辉：《论刑事程序中的控审分离》，《检察理论研究》1992 年第 3 期。

[108] 宋赟：《论审判范围与起诉范围的同一性》，《刑事司法论坛》2009 年第 4 期。

[109] 苏家成、王戬：《法院变更指控罪名应告知检察机关和被告人》，《人民法院报》，2006 年 12 月 13 日。

[110] 孙建霞、沈丽：《不告不理与我国刑事诉讼》，《株洲师范高等专科学校学报》2004 年第 6 期。

[111] 孙经志：《法院变更指控罪名应增加告知程序》，《江苏法制报》2006 年 2 月 15 日。

[112] 塔娜：《当事人主义与职权主义的冲突与妥协——以日本刑事诉讼诉因制度为视角》，《内蒙古农业大学学报（社会科学版）》2009 年第 6 期。

[113] 汤茂定：《刑事二审功能嬗变与控审分离原则的契合》，《黑龙江省政法管理干部学院学报》2006 年第 4 期。

[114] 汤鸣：《一事不再理原则探析——兼论刑事判决的既判力问题》，《当代法学》2003 年第 8 期。

[115] 腾炜：《刑事诉讼中"一事不再理原则"的运用》，《人民大学》2004 年第 12 期。

[116] 田全：《对案件事实认定同一性的思考》，《重庆科技学院学报（社会

科学版）》2008 年第 3 期。

[117] 田小丰：《我国刑民交叉案件中的既判力问题研究——从一个案件引发的思考》，《行政与法》2011 年第 3 期。

[118] 涂龙科、蔡晨成、高宇：《论诉因在我国公诉制度中的应用》，《政治与法律》2008 年第 11 期。

[119] 万婷：《公诉变更制度研究》，西南政法大学硕士学位论文，2009 年。

[120] 汪建成、张向军：《刑事诉讼法律关系若干问题之研究》，《烟台大学学报（哲学社会科学版）》1993 年第 1 期。

[121] 王兵：《法院变更指控罪名程序构建之思考》，《法制与经济（上半月）》2008 年第 1 期。

[122] 王成：《论比较法视野中诉审同一》，中国政法大学硕士学位论文，2007 年。

[123] 王刚、沈莺：《论不告不理原则的由来》，《湖南省政法管理干部学院学报》2002 年第 2 期。

[124] 王国安：《对法院变更指控罪名的思考》，《保定师范专科学校学报》2005 年第 3 期。

[125] 王婧：《禁止重复追诉原则与刑事再审制度》，《才智》2008 年第 12 期。

[126] 王梦飞：《刑事诉讼客体新探》，《北京科技大学学报（社会科学版）》2004 年第 3 期。

[127] 王明、康瑛：《法院变更指控罪名与辩护权的保护》，《中美"律师辩护职能与司法公正"研讨会文集》2003 年第 9 期。

[128] 王明、康瑛：《法院变更指控罪名与辩护权的保护》，《法学杂志》2005 年第 1 期。

[129] 王潇：《刑事公诉变更制度研究》，内蒙古大学硕士学位论文，2010 年。

[130] 王耀忠：《刑事既判力在我国刑法中的重构》，《西北政法学院学报》2002 年第 11 期。

[131] 王亦农：《论对法院变更指控罪名的限制》，《检察实践》2002 年第

2 期。

[132] 王瑛杰、胡芬：《法院的审判范围和法律适用的问题研究》，《福建政法管理干部学院学报》2005 年第 10 期。

[133] 魏开新：《法院变更指控罪名问题研究》，中国政法大学硕士学位论文，2007 年。

[134] 吴磊、李建明：《试论刑事诉讼法律关系的几个问题》，《中国法学》1990 年第 4 期。

[135] 吴奇伟：《法院变更指控罪名应增加告知程序》，《人民法院报》2002 年 12 月 30 日。

[136] 吴鹏、张晶鑫：《从一事不再理原则看我国刑事再审制度》，《法制与社会》2006 年第 12 期。

[137] 吴倩、张旭勇：《法院变更指控罪名问题研究》，《法制与社科》2007 年第 10 期。

[138] 吴新梅、江英：《略论刑事诉讼中的"一事不再理"》，《云南警官学院学报》2004 年第 12 期。

[139] 武正营：《论刑事诉讼中的不告不理原则》，南京师范大学硕士学位论文，2007 年。

[140] 肖本山：《控审分离在我国刑事诉讼中的现状及完善》，《安徽师范大学学报（人文社会科学版)》2002 年第 1 期。

[141] 肖黎明、王晓芸：《民事部分再审不影响刑事裁判的既判力》，《法制日报》2004 年 4 月 15 日。

[142] 肖建国：《论刑事诉讼中的一事不再理原则》，四川大学硕士学位论文，2005 年。

[143] 肖渭明：《论确立不告不理原则和诉之不可分及审判不可分原则》，《检察理论研究》1994 年第 3 期。

[144] 谢逢渲：《刑事控审分离原则初探》，《今日南国（中旬刊)》2010 年第 9 期。

[145] 谢进杰：《刑事审判对象问题研究》，四川大学硕士学位论文，2006 年。

［146］谢进杰：《审判对象的运行规律》，《法学研究》2007 年第 4 期。

［147］谢进杰：《论审判对象的变更及其控制》，《中山大学学报（社会科学版)》2007 年第 3 期。

［148］谢进杰：《审判对象变更机制述评》，《中国刑事法杂志》2007 年第 4 期。

［149］谢进杰：《刑事审判对象变更机制实证考察》，《国家检察官学院学报》2008 年第 2 期。

［150］谢进杰：《程序差别与审判对象》，《甘肃政法学院学报》2008 年第 5 期。

［151］谢进杰：《论禁止重复追诉的机理》，《刑事法评论》2008 年第 12 期。

［152］谢进杰：《中国刑事审判对象的实践与制度》，《北大法律评论》2009 年第 2 期。

［153］谢进杰：《论审判对象的生成——基于刑事诉讼合理构造的诠释》，《北方法学》2009 年第 2 期。

［154］谢佑平、万毅：《论刑事审判对象》，《云南法学》2001 年第 1 期。

［155］谢佑平、万毅：《法院变更指控罪名制度探析》，《人民检察》2001 年第 7 期。

［156］谢佑平、万毅：《论刑事控审分离原则》，《诉讼法论丛》2002 年第 0 期。

［157］谢佑平、万毅：《刑事控审分离原则的法理探析》，《西南师范大学学报（人文社会科学版)》2002 年第 3 期。

［158］谢佑平、万毅：《刑事公诉变更制度论纲》，《国家检察官学院学报》2002 年第 2 期。

［159］谢佑平、万毅：《一事不再理原则重述》，《中国刑事法杂志》2001 年第 3 期。

［160］邢华东：《论我国公诉变更制度的完善》，中国海洋大学硕士学位论文，2011 年。

［161］徐松青、袁婷、张华：《诉讼代理人意见可作为法院变更指控罪名的

路径之一》,《人民司法》2009 年第 6 期。

[162] 徐莹:《从一事不再理原则看我国刑事再审程序》,《太原师范学院学报（社会科学版)》2007 年第 9 期。

[163] 薛瞳瞳:《困境中的思考：刑事判断既判力浅析》,《重庆文理学院学报（社会科学版)》2006 年第 5 期。

[164] 杨虹:《比较法视野中的公诉变更制度之完善》,《国家检察官学院学报》2003 年第 10 期。

[165] 杨宏亮:《单位犯罪诉因变更若干问题研究》,《检察实践》2005 年第 6 期。

[166] 杨建民:《公诉变更的制度构建与法律效力探讨》,《理论建设》2008 年第 10 期。

[167] 杨杰辉:《英美法中诉因记载的法定要求及其借鉴意义》,《新闻实践》2004 年第 6 期。

[168] 杨杰辉:《刑事审判对象研究》,西南政法大学硕士学位论文,2006 年。

[169] 杨杰辉:《犯罪构成要件视野下的刑事审判对象问题研究》,《中国刑事法杂志》2009 年第 5 期。

[170] 杨杰辉、温馨:《英美法诉因制度及其评析》,《中国刑事法杂志》2009 年第 10 期。

[171] 杨柳青:《法院主动启动再审未必违背控审分离原则——以刑诉为主要论域》,《社会科学家》2008 年第 3 期。

[172] 杨明:《刑事追诉权的限度之维——一事不再理原则在审前程序中的合理定位》,《辽宁大学学报（哲学社会科学版)》2007 年第 7 期。

[173] 杨雪会、杨芳芳:《略论刑法溯及力与既判力的关系》,《漯河职业技术学院学报》2008 年第 7 期。

[174] 叶桂林:《刑事控审分离原则研究》,安徽大学硕士学位论文,2011 年。

[175] 银福成:《刑事诉讼控审分离原则研究》,内蒙古大学硕士学位论文,2005 年。

[176] 银福成：《我国刑事诉讼控审分离原则的现状与完善》，《内蒙古师范大学学报（哲学社会科学版）》2006 年第 2 期。

[177] 银福成、王银霞：《论刑事诉讼控审分离原则法理基础》，《前沿》2007 年第 11 期。

[178] 于淼：《一事不再理原则与我国刑事再审制度》，《东方企业文化》2011 年第 7 期。

[179] 袁会丽、吴洪峰：《我国法院变更指控罪名制度的构建》，《法制与社会》2010 年第 3 期。

[180] 岳申：《浅论法院变更指控罪名与司法公正》，《阜阳师范学院学报（社会科学版）》2005 年第 3 期。

[181] 查小燕：《论刑事诉讼中的一事不再理原则》，四川大学硕士学位论文，2006 年。

[182] 章海：《刑事诉讼法律关系若干问题探讨》，《法商研究（中南政法学院学报)》1995 年第 5 期。

[183] 张琛华：《公诉转自诉制度问题》，《山西经济管理干部学院学报》2005 年第 3 期。

[184] 张道伟：《一事不再理原则研究》，中国政法大学硕士学位论文，2011 年。

[185] 张德咏、江显和：《刑事再审制度改革的理性思考——以一事不再理原则为视角》，《人民司法》2006 年第 5 期。

[186] 张改清、韦鹏：《论刑事审判监督程序的提起主体——从控审分离的视角审视》，《河北法学》2003 年第 6 期。

[187] 张弘：《诉因与公诉事实：两种公诉方式之效力评析》，《青岛科技大学学报（社会科学版）》2007 年第 3 期。

[188] 张剑秋：《刑事再审程序性质研究——兼论实体真实主义与既判力之间的矛盾》，《中国刑事法杂志》2003 年第 6 期。

[189] 张磊、袁二方：《论〈国际刑事法院规约〉中的一事不再理原则》，《华北水利水电学院学报（社会科学版）》2007 年第 2 期。

[190] 张琳琳：《日本诉因制度研究综述》，《北京广播电视大学学报》2007

年第 3 期。

[191] 张琳琳：《诉因制度在我国的构建》，《中国司法》2008 年第 11 期。

[192] 张明新：《论法院变更指控罪名直接定罪的得失》，《江苏公安专科学校学报》2001 年第 4 期。

[193] 张瑞：《禁止重复追诉原则研究》，南京师范大学硕士学位论文，2011 年。

[194] 张伟：《试论刑事附带民事诉讼判决的既判力》，《河南省政法管理干部学院学报》2005 年第 6 期。

[195] 张小玲：《论公诉变更权》，《中国刑事法杂志》1999 年第 4 期。

[196] 张小玲：《刑事诉讼客体论》，中国政法大学博士学位论文，2004 年。

[197] 张小玲：《我国刑事诉讼客体再研究》，《法制与社会》2009 年第 6 期。

[198] 张小玲：《我国刑事诉讼客体再探究》，《政法论坛》2010 年第 1 期。

[199] 张晓薇、牛振宇：《刑事既判力与刑法溯及力的价值冲突域协调》，《江西社会科学》2007 年第 8 期。

[200] 张烜：《论刑事诉讼的一事不再理》，《法制与社会》2011 年第 9 期。

[201] 张学军、肖丽萍、敖荧：《刑事诉讼客体论》，《云南法学》1994 年第 4 期。

[202] 张毅：《论一事不再理原则对刑事再审的规制》，《中国司法》2006 年第 9 期。

[203] 张泽涛：《法院变更指控罪名的法理分析》，《法制日报》2002 年 3 月 31 日。

[204] 张泽涛：《我国起诉书撰写方式之缺陷及其弥补——以诉因制度与起诉书一本主义为参照系》，《法商研究》2007 年第 3 期。

[205] 张泽涛：《禁止重复追诉研究——以大陆法系既判力理论为切入点》，《法律科学（西北政法学院学报）》2007 年第 7 期。

[206] 张泽涛：《诉因与公诉方式改革》，《中外法学》2007 年第 2 期。

[207] 张子培：《论不告不理原则》，《法学评论》1991 年第 2 期。

[208] 赵娟：《论禁止双重危险原则中的同一性问题——以美国法律实践为

视角》，《河南公安高等专科学校学报》2008 年第 4 期。

［209］赵丽霞：《论控审分离原则在审前程序中的要求》，《忻州师范学院学报》2005 年第 3 期。

［210］赵钟、刘晖：《一事不再理与我国刑事再审程序的重构》，《河南司法警官职业学校学报》2006 年第 12 期。

［211］郑碧爽：《刑事裁判既判力原则刍议——论我国刑法第 12 条第 2 款》，《牡丹江大学学报》2009 年第 12 期。

［212］周春燕：《犯罪构成与诉因理论研究》，复旦大学硕士学位论文，2009 年。

［213］周菁：《试论日本诉因制度之借鉴》，《国家检察官学院学报》2003 年第 1 期。

［214］周敏：《刑事诉因制度研究》，西南政法大学硕士学位论文，2011 年。

［215］周平：《论刑事诉讼的一事不再理原则》，《法制与社会》2010 年第 2 期。

［216］周山：《法院变更指控罪名问题研究》，太原科技大学硕士学位论文，2007 年。

［217］周山：《关于法院变更指控罪名问题的探讨》，《太原科技大学学报》2009 年第 4 期。

［218］周松杉：《法院变更指控罪名新议》，《人民法院报》2007 年 11 月 28 日。

［219］朱叶：《论刑事诉讼上的一事不再理原则》，《社会科学辑刊》2004 年第 1 期。

［220］祝志军：《论我国刑事诉讼一事不再理原则》，南昌大学硕士学位论文，2008 年。

三、外文译著

［1］［古希腊］亚里士多德：《政治学》，吴寿彭译，商务印书馆 1981 年版。

［2］［法］笛卡尔：《哲学原理》，关琪桐译，商务印书馆 1958 年版。

［3］［法］卡斯东·斯特法尼、乔治·勒瓦索、贝尔纳·布洛克：《法国刑

事诉讼法精义》，罗结珍译，中国政法大学出版社 1999 年版。

　　［4］［法］马里旦：《人和国家》，霍宗彦译，商务印书馆 1964 年版。

　　［5］［法］孟德斯鸠：《论法的精神》，张雁深译，商务印书馆 1961 年版。

　　［6］［法］卢梭：《社会契约论》，何兆武译，商务印书馆 1982 年版。

　　［7］［法］托克维尔：《论美国的民主》，董果良译，商务印书馆 1988 年版。

　　［8］［法］卡斯东·斯特法尼、乔治·勒索瓦、贝尔纳·布洛克：《法国刑事诉讼法精义》，罗结珍译，中国政法大学出版社 1999 年 1 月第 1 版。

　　［9］［法］《法国刑法典、刑事诉讼法典》，罗结珍译，国际文化出版公司 1997 年版。

　　［10］［法］《法国刑事诉讼法》，余叔通、谢朝华译，中国政法大学出版社 1997 年版。

　　［11］［德］《德国刑事诉讼法典》，李昌珂译，中国政法大学出版社 1995 年 4 月第 1 版。

　　［12］［德］汉斯·海因里希·耶塞克、托马斯·魏根特：《德国刑法教科书》（总论），徐久生译，中国法制出版社 2001 年版。

　　［13］［德］奥特马·尧厄尼希：《民事诉讼法》，周翠译，法律出版社 2003 年版。

　　［14］［德］马克思、恩格斯：《马克思恩格斯全集》（第 1 卷），人民出版社 1956 年版。

　　［15］［德］马克思、恩格斯：《马克思恩格斯全集》（第 3 卷），人民出版社 1960 年版。

　　［16］［德］马克思、恩格斯：《马克思恩格斯全集》（第 8 卷），人民出版社 1961 年版。

　　［17］［德］马克思、恩格斯：《马克思恩格斯选集》（第 1 卷），人民出版社 1972 年版。

　　［18］［德］费尔巴哈：《费尔巴哈哲学著作选集》，荣震华、李金山等译，商务印书馆 1984 年版。

　　［19］［德］弗兰茨·冯·李斯特：《德国刑法教科书》，徐久生译，法律出版社 2000 年版。

［20］［德］黑格尔：《法哲学原理》，范扬、张企泰译，商务印书馆 1982 年版。

［21］［德］黑格尔：《历史哲学》，王造时译，上海书店出版社 1999 年版。

［22］［德］黑格尔：《哲学史讲演录》（第 2 卷），贺麟、王太庆译，商务印书馆 1983 年版。

［23］［德］康德：《纯粹理性批判》，蓝公武译，商务印书馆 1960 年版。

［24］［德］康德：《道德形而上学原理》，苗力田译，上海人民出版社 1986 年版。

［25］［德］康德：《法的形而上学原理——权利的科学》，沈叔平译，商务印书馆 1991 年版。

［26］［德］康德：《历史理性批判文集》，何兆武译，商务印书馆 1997 年版。

［27］［德］克劳思·罗科信：《刑事诉讼法》，吴丽琪译，法律出版社 2003 年版。

［28］［德］拉德布普赫：《法律智慧赞句集》，舒国滢译，中国法制出版社 2001 年版。

［29］［德］拉德布鲁赫：《法学导论》，米健、朱林译，中国大百科全书出版社 1997 年版。

［30］［德］拉伦茨：《法学方法论》，陈爱娥译，商务印书馆 2003 年版。

［31］［德］叔本华：《作为意志和表象的世界》，石冲白译，商务印书馆 1982 年版。

［32］［德］托马斯·魏根特：《德国刑事诉讼程序》，岳礼玲、温小洁译，中国政法大学出版社 2004 年版。

［33］［俄］《俄罗斯联邦刑事诉讼法典》，黄道秀译，中国政法大学出版社 2002 年版。

［34］［韩］《韩国刑事诉讼法》，马相哲译，中国政法大学出版社 2004 年版。

［35］［英］阿克顿：《自由与权力：阿克顿勋爵论说文集》，侯健、范亚峰译，商务印书馆 2001 年版。

［36］［英］彼得·斯坦、约翰·香德：《西方社会的法律价值》，王献平译，中国人民公安大学出版社 1990 年版。

［37］［英］弗兰西斯·培根：《培根人生论》，何新译，陕西师范大学出版社 2002 年版。

［38］［英］霍布斯：《利维坦》，黎思复、黎廷弼译，商务印书馆 1985 年版。

［39］［英］卡尔·波普尔：《通过知识获得解放》，范景中、李本正译，中国美术学院出版社 1996 年版。

［40］［英］罗杰·科特威尔：《法律社会学导论》，潘大松、刘丽君、林燕萍、刘海善译，华夏出版社 1989 年版。

［41］［英］梅因：《古代法》，沈景一译，商务印书馆 1996 年版。

［42］［英］雷蒙·威廉斯：《关键词：文化与社会的词汇》，刘建基译，生活·读书·新知三联书店 2005 年版。

［43］［英］《英国刑事诉讼法（选编）》，程味秋、陈瑞华、杨宇冠等译校，中国政法大学出版社 2001 年版。

［44］［美］艾伦·德肖维茨：《最好的辩护》，唐东交译，法律出版社 1994 年版。

［45］［美］爱伦·豪切斯泰勒·斯黛丽、南希·弗兰克：《美国刑事法院诉讼程序》，陈卫东、徐美君译，中国人民大学出版社 2002 年版。

［46］［美］伯纳德·施瓦茨：《美国法律史》，王军、洪德、杨静辉译，中国政法大学出版社 1990 年版。

［47］［美］波斯纳：《法律的经济分析》，蒋兆康、林毅夫译，中国大百科全书出版社 1997 年版。

［48］［美］博西格诺等：《法律之门：法律过程导论》，邓子滨译，华夏出版社 2002 年版。

［49］［美］德沃金：《法律帝国》，李常青译，中国大百科全书出版社 1996 年版。

［50］［美］汉密尔顿、杰伊、麦迪逊：《联邦党人文集》，程逢如、在汉、舒逊译，商务印书馆 1980 年版。

［51］［美］亨德里克·房龙：《宽容》，连卫、靳翠微译，生活·读书·新知三联书店 1985 年版。

［52］［美］杰弗里·C. 哈泽德、米歇尔·塔鲁伊：《美国民事诉讼法导论》，张茂译，中国政法大学出版社 1999 年版。

［53］［美］罗斯科·庞德：《普通法的精神》，唐前宏、廖湘文、高雪原译，法律出版社 2001 年版。

［54］［美］孟罗·斯密：《欧陆法律发达史》，姚梅镇译，中国政法大学出版社 1999 年版。

［55］［美］米尔伊安·R. 达玛什卡：《司法和国家权力的多种面孔——比较视野中的法律程序》，郑戈译，中国政法大学出版社 2004 年版。

［56］［美］P. 诺内特、P. 塞尔兹尼克：《转变中的法律与社会：迈向回应型法》，张志铭译，中国政法大学出版社 2004 年版。

［57］［美］乔治·霍兰·萨拜因：《政治学说史》，盛葵阳、崔妙因译，商务印书馆 1986 年版。

［58］［美］亚历克斯·卡利尼克斯：《平等》，徐朝友译，江苏人民出版社 2003 年版。

［59］［美］伟恩·R. 拉费弗、杰罗德·H. 伊斯雷尔、南西·J. 金：《刑事诉讼法》，卞建林、沙丽金等译，中国政法大学出版社 2003 年版。

［60］［美］约翰·亨利·梅利曼：《大陆法系——西欧拉丁美洲法律制度介绍》，顾培东、禄正平译，知识出版社 1984 年版。

［61］［美］约翰·罗尔斯：《正义论》，何怀宏、何包钢、廖申白译，中国社会科学出版社 1988 年版。

［62］［美］詹姆斯·安修：《美国宪法解释与判例》，黎建飞译，中国政法大学出版社 1994 年版。

［63］［美］埃德加·博登海默：《法理学——法律哲学和方法》，张智仁译，上海人民出版社 1992 年版。

［64］［美］本书编写组：《美国联邦刑事诉讼规则和证据规则》，卞建林译，中国政法大学出版社 1996 年版。

［65］［加］《加拿大刑事法典》，卞建林等译，中国政法大学出版社 1999

年版。

［66］［意］贝卡里亚：《论犯罪与刑罚》，黄风译，中国大百科全书出版社1993年版。

［67］［意］彼德罗·彭梵得：《罗马法教科书》，黄风译，中国政法大学出版社1992年版。

［68］［意］戴维·奈尔肯：《比较刑事司法论》，张明楷等译，清华大学出版社2004年版。

［69］［意］恩里科·菲利：《犯罪社会学》，郭建安译，中国人民公安大学出版社1990年版。

［70］［意］菲利：《实证派犯罪学》，郭建安译，中国政法大学出版社1987年版。

［71］［意］切萨雷·龙勃罗梭：《犯罪人论》，黄风译，中国法制出版社2005年版。

［72］［意］朱塞佩·格罗索：《罗马法史》，黄风译，中国政法大学出版社1994年版。

［73］［意］《意大利刑事诉讼法典》，黄风译，中国政法大学出版社1994年版。

［74］［日］谷口安平：《程序的正义与诉讼》，王亚新、刘荣军译，中国政法大学出版社2002年版。

［75］［日］河合弘之：《律师职业》，康树华译，法律出版社1987年版。

［76］［日］棚濑孝雄：《纠纷的解决与审判制度》，王亚新译，中国政法大学出版社2004年版。

［77］［日］松尾浩也：《日本刑事诉讼法》，丁相顺、张凌译，中国人民大学出版社2005年版。

［78］［日］田口守一：《刑事诉讼法》，刘迪、张凌、穆津译，法律出版社2000年版。

［79］［日］西园春夫：《日本刑事法的形成与特色》，李海东等译，法律出版社与成文堂1997年版。

［80］［日］小野清一郎：《犯罪构成要件理论》，王泰译，中国人民公安大

学出版社 2004 年版。

［81］［日］中村英郎：《新民事诉讼法讲义》，陈刚、林剑锋、郭美松译，法律出版社 2001 年版。

［82］［日］《日本刑事诉讼法》，宋英辉译，中国政法大学出版社 2000 年 1 月第 1 版。

［83］［日］铃木茂嗣：《刑事诉讼的基本构造——审判对象论序说》，成文堂昭和 54 年版。

［84］［日］土本武司：《日本刑事诉讼法要义》，董璠舆、宋英辉译，五南图书出版有限公司 1997 年版。

［85］T. P. 贝莱扎：《〈澳门刑事诉讼法典〉中诉讼客体之变更》，《澳门法律学刊》1997 年（第 4 卷第 1 期）。

［86］中国政法大学澳门研究中心、澳门政府法律翻译办公室：《澳门刑法典·澳门刑事诉讼法典》，澳门政府法律翻译办公室/译，法律出版社 1997 年 9 月第 1 版。

四、英文著作

［1］Andrew Sanders and Richard Young, Criminal Justice, Butterworths, 2000.

［2］Black's Law Dictionary, West Publishing Company, 1979.

［3］Jay A. Sigler, Double Jeopardy, Cornell University Press, 1969.

［4］John Sprack, Emmins on Criminal Procedure, Blackstone Press Limited, 2000.

［5］Oliver Wendell Holmes, The Path of the Law, Harvard L. Rev. , Vol. 10.

［6］R. A. Duff, Trial and Punishment, Cambridge University Press, 1986.

［7］Ronald L. Carlson, Criminal Justice Procedure, Anderson Publishing Co. , 1991.

［8］Ronald Jay Allen, William J. Stuntz, Joseph L. Hofbnann, Debra A. Livingston, Comprehensive.

［9］Criminal Procedure, Aspen Publishers, INC. , 2003.

［10］Willard, The Seventeenth Century Indictment in the Light of Modern Conditions, Harvard L. Rev, Vol. 24.

[11] Yale Kamisar, Wayne R. Lafave, Jerold H. Israel, Nancy King, Modern Criminal Procedure. West Group, 1999.

[12] Shigemitsu Dando, Japanese Criminal Procedure, translated by B. J. George, Jr. Fred B. Rothman & Co.

[13] John Sprack, Emmins on criminal procedure, Blackstone Press Limited.

[14] Jerold H. Israel & Wayne R. Lafava, Criminal Procedure, West Group.

[15] Charles H. Whitebread, Criminal Procedure—An Analysis of Constitutional Casesand Concepts, The Foundation Press, Inc.

[16] James E. Scarboro & James B. White, Constitutional Criminal Procedure, The Foundation Press, Inc.

[17] Joseph G. Cook & Paul Marcus, Criminal Procedure, Matthew Bender& Company Inc.

五、英文案例

[1] Ashe v. Swenson, 397 U. S. 436, 90 S. Ct. 1189, 25 L. Ed. 2d 469 (1970).

[2] Benton v. Maryland, 395 U. S. 784, 89 S. Cc. 2056, 23 L Ed. 2d 707 (1969).

[3] Blockburger v. United States, 284 U. S. 299, 52 S. Ct. 180, 76 L. Ed. 306 (1932).

[4] Crist v. Bretz, 437 U. S. 28, 98 S. Ct. 2156, 57 L Ed. 2d 24 (1978).

[5] Green v. United States, 355 U. S. 184, 78 S. Ct. 221, 2 L. Ed. 2d 199 (1957).

[6] Illinois v. stale, 447 U. S. 410, 100 S. Ct. 2260, 65 L. Ed. 2d 228 (1980).

[7] Lockhart v. Nelson, 488 U. S. 33, 109 S. Ct. 285, 102 L. Ed. 2d 265 (1988).

[8] North Carolina v. Pearce, 395 U. S. 711, 89 S. Ct. 2072, 23 L. Ed. 2d

656（1969）．

［9］ Russell v. United States, 369 U. S. 749, 82 S. Ct. 1038, 8 L. Ed. 2d 240
（1962）．

［10］ Sanabria v. United States, 437 U. S. 54, 98 S. Ct. 2170, 57 L. Ed. 2d
43（1978）．

［11］ United States v. Ball, 163 U. S. 662, 16 S. Ct. 1192, 41 L. Ed. 300
（1896）．

［12］ United States v. DiFrancesco, 499 U. S. 117, 101 S. Ct. 426, 66 L. Ed.
2d 328（1980）．

［13］ United States v. Scott, 437 U. S. 82, 98 S. Ct. 2187, 57 L. Ed. 2d 65
（1978）．

六、日文著作

［1］ 安富潔，訴因論，月刊アーテイタル，186，2001.9。

［2］ 大久保太郎，「審判の対象」の現実的考察—公訴事実対象説の実情と
訴因対象説への疑問，法曹時報，36（3），1984.3。

［3］ 横川敏雄，訴因と公訴事実との関係——早稲田大学における最終講
義，早稲田法学，59（1～3），1984。

［4］ 鈴木茂嗣，刑事訴訟の基本構造，成文堂，1979 年。

［5］ 鈴木茂嗣，刑事訴訟法，青林書院，1988 年。

［6］ 平良木登規男，訴因と公訴事実，警察学論集，54（3），2001.3；54
（4），2001.4。

［7］ 平野龍一，刑事公訴法，有斐閣，1958 年。

［8］ 平野龍一，訴因と証拠，有斐閣，1981 年。

［9］ 上口裕，審判の対象と裁判の効力，法学ヤミナー，44
（12），1999.12。

［10］ 田宮裕，一事不再理の原則，有斐閣，1978 年。

［11］ 田宮裕，刑事訴訟法，有斐閣，1996 年。

［12］ 田口守一，争点と訴因，刑事法の理論と突践，西原春夫〔ほか〕

编，第一法规出版，2002.11。

　[13] 团藤重光，新刑事訴訟法綱用，創文社，1972 年。

　[14] 香城敏麿，訴因制度の構造，判例時報，1236，1987.8.11；1238，1987.8.21；1240，1987.9.11。

　[15] 小林充，訴因と公訴事実，判例タイムズ，38（25），1987.11.1。

后　记

　　经过跨越两年的工作，《实然的司法改革和应然的司法改革》一书马上要付梓出版了。2019 年上半年我有幸赴牛津大学法学院犯罪学中心留学，而下半年则在手术、医院和复查中度过。可能由于自己生病，所以开始更多地关注人类个体的健康、自由和痛苦，也越发觉得刑事错案对人类个体自由、名誉、健康及生命的伤害都是让人无法容忍的，对受害者所在家庭其他个体的损害也是非常巨大的。因此，通过司法改革发现并堵塞刑事程序和制度中的漏洞就显得极为重要。

　　《实然的司法改革和应然的司法改革》是我的第五本专著和第六本学术作品，也是我对近年来司法改革的一点思考。我要感谢我的博士导师中国人民公安大学的崔敏教授和博士后导师中国社会科学院的王敏远研究员，感谢中国社会科学院的熊秋红研究员和冀祥德研究员，还要特别感谢中国社会科学院的刘仁文研究员和北京大学的白桂梅教授、陈瑞华教授，感谢他们给予我的指导。同时，我要感谢牛津大学法学院犯罪学中心和北京大学人权硕士项目，感谢它们给予我的错案救济研究思路和人权法学知识。我还要感谢司法改革试点省区相关法院、检察院为我们的研究所提供的便利，特别是各法院、检察院网站所提供的官方宣传资料。所有这些，都对司法改革的实证研究和理论分析提供了巨大帮助。

　　在撰写本书时，我的学生一如既往地给予我很大的支持与帮助，在此对她们和他们致以诚挚的感谢！